下

侵食される民主主義

著 ラリー・ダイアモンド

監訳 市原麻衣子

内部からの崩壊と専制国家の攻撃

ILL WINDS

Saving Democracy from
Russian Rage, Chinese Ambition, and American Complacency

keiso shobo

ILL WINDS

by Larry Diamond

This edition published by arrangement with
Penguin Press, an imprint of Penguin Publishing Group,
a division of Penguin Random House LLC.
through The English Agency (Japan) Ltd.

目　次

上巻目次

第9章
独裁者の挑戦に対応する

これこそが敵の狙いである。彼らは、自分たちの力や影響力がわれわれよりも劣っていることを自覚している。それゆえに、われわれを転覆させ、抵抗する決意を蝕み、受け身にさせようと脅しているのである。彼らは、利己主義と恐怖以外に世界に提供できるものをほとんど持ち合わせていないことを理解している。だからこそ、われわれの自信や価値に対する信念を損なわせようとしているのである。

——ジョン・マケイン上院議員、ミュンヘン安全保障会議での発言（二〇一七年二月十七日）(1)

世界中の人々は民主主義を求めているかもしれないが、ロシアと中国はそうではない。現在の世界秩序において最大の脅威は、これらの強大な専制国家が力とイニシアティブを拡大していることである。もちろん、イランをはじめとする地域的な専制国家や、アルカイダやイスラム国のような非国家テロリスト集団による民主主義への挑戦も看過すべきではない。しかし、世界の民主主義にとっての敵の中で、世界のリベラル秩序を弱体化させるだけの力と野心を持つ指導者は、ウラジーミル・プーチンと習近平の二人だけである。世界の民主主義を護り、復活させるためのキャンペーンはいずれも、ロシアと中国の権威主義的な圧力に立ち向かい、それを封じ込めるための戦略として規定されたものでなければならない。

目標は、新冷戦であってはならない。しかし、かつての「長い黄昏の闘争」の時と同じような冷静さ、洞察力、粘り強さを必要とするだろう。冷戦期以上に、われわれはアメリカの力の限界を認め、民主的な同盟関係の必要性を認識しておかなければならない。そして、両極端な二つの事象の間で舵取りをしていく必要がある。一つの極端は、過度な警戒心を持ち、パラノイアや外国人恐怖症、帝国的過剰拡大を引き起こしてしまうことである。そしてもう一つの極端は、根拠のない自信を持ち、押し寄せる独裁主義の波によって力の真空が埋められていくのを放置してしまうことである。

かつて、先見の明を持ったアメリカの外交官ジョージ・F・ケナンがモスクワから送った有名な長文電報は、七十年後の今でも不気味なほどに重要性を保っている。しかし、今日の課題はより複雑である。国際的に強大な力を持つ敵が一つではなく、二つも存在していることに加え、アメリカの力と決意の減退とともに、他国との同盟関係が深化するどころか瓦解しつつあるからである。それでも、ケナンが提唱した八つの戦略原則は、今でも有効である。

第一に、脅威の本質を把握する必要がある。世界各地の自由社会は、ロシアと中国が広範囲にわたって民主主義のプロセスに侵入し、民主主義の価値を蝕み、民主主義国の同盟関係を壊すことで権力を強化しようという（露骨なものから微妙なものまで、あらゆる手を用いた）目論見に直面している。われわれは、ソフトパワー、シャープパワー、ハードパワーのいずれであれ、権威主義国がパワーを投射しようとしていることを立証するのみならず、それらをつなぐ悪意あるパターンが幅広く存在していることを理解しなければならない。

第二に、専制支配者の脅威が持つ規模、動機、要素について、民主主義社会を教育しなければならない。拒絶反応を示したりヒステリックになったりするのは、危機に直面した人間が取る共通の本能的な行動であるが、どちらも戦略を練る上では有効な手段ではない。権威主義者による力の投射がこれほどまでに多様で、時として捉えどころのない形になったこと、そして脱工業化した民主主義国が自由を守るための実存的課題に関する闘争から何十年も離れていたことにより、ロシアと中国がもたらす脅威は、容易にないものとされ、軽視されうる。多くの人は、自分自身や自国の脆弱性を認めたがらない。また、二〇〇三年に行われたアメリカ主導のイラク侵攻のように、指導者に惑わされて無駄な失敗をした自国に対し、国際的な重責から手を引くことを民主主義国の市民が望むのは、理解できる。国防や外交への大規模な投資よりも国内支出を優先させたいという衝動は自然なものであり、その衝動はアメリカよりもヨーロッパ諸国のほうがさらに強力である。しかし、民主主義国が専制支配者の攻勢に本腰を入れた戦略的な対応を取るためには、市民の支持を得る必要がある。

第三に、中国とロシアによる軍事力の急速な拡大と近代化を受け、民主主義諸国は軍事的決意と能力を集団的に強化しなければならない。歴史的に見ても、これに勝る最善策はほとんどない。宥和政策では、台頭する（あるいは復活を遂げる）大国による侵略を食い止めることはできない。このような脅威に際し、平和と安全は、軍事力と外交的イニシアティブの強固な組み合わせによってのみ維持することができる。新たな軍備管理協定を締結したり、北朝鮮などの地域的課題に関する共通認識を形成したりするなど、可能な限り中国政府やロシア政府と協力し、緊張を緩和するよう努めなければならない。また、自国の安全保障を何ら改善する努力をせずして、敵対国を悪者扱いしたり貶めたりするような不当な行動や発言は慎むべきである（もちろん、アメリカ国内で暮らすこれらの民族集団に汚名を着せることもすべきではない）。しかし、ウクライナであれ南シナ海であれ、ロシアと中国が限定的侵略行為を行う場合には、抵抗し、彼らにコストを背負わせなければならない。さもなければ、より大胆な侵略行為が続くことになる。一九四六年にケナンがソ連のパワーについて考察した際の見解は、今日のロシアと中国にも当てはまる。これらの専制国家は、ケナンの言葉を借りれば、「道理」には鈍感であるが、「力の論理には高度に敏感」なのである。そのため、彼らが「強い抵抗に遭った場合」には、「容易に撤退する」のであり、実際に通常そのような行動を取る。したがって、彼らに対する敵が十分な戦力を持ち、それを使用する用意があることを明らかにしていれば、交戦の必要性はほとんど発生しないのである。(2)

第四に、ロシアと中国の指導者と社会に、敬意を持って接するべきである。現在、ロシア政府と中国政府は、大規模な国辱の経験への対応として力を投射しようとしている。多くのロシア人にとって、一九九一年のソビエト連邦の崩壊は、ソビエト帝国の喪失、世界情勢におけるロシアの主導的役割の終焉、社会主義のセーフティネットの崩壊を伴う、衝撃的な出来事であった。ロシアの一人当たり国民所得（米ドル換算）は、一九九〇年から一九九九年の間に六十％も減少した。(3)一九九〇年から二〇一三年までの間には、ロシアの平均寿命は世界の平均寿命に比べてわずかしか伸びておらず（世界の平均寿命の延びが六・二年であるのに対し、ロシアでは一・八年）、ロシアは「イラクと北朝鮮の間の一〇八位」に位置していた。(4)この間、中国は経済的には大成功を収めたが、一八三九年から一八四二年の第一次アヘン戦争で清朝がイギリスに敗れたことに始まり、第二次世界大戦の一部である第二次日清戦争に至るまで、ヨーロッパと日本の帝国主義列強に苦しめられた「百年国恥」への対応として、行動を形成してきている。一九四九年に共産党が権力を掌握して以来、中国はこの苦難の時代に失った領土と栄光を取り戻そうとしてきた。敬意を払うといっても、旧ソ連領（クリミアも含めて）におけるロシアの主張や、南シナ海における中国の主張に譲歩するということではないし、民主的な台湾への威嚇に妥協するという意味でないのは言うまでもない。しかし、不必要な衝突を避けるためには、中国とロシアが偉大で誇り高い国であり、理解すべき歴史的な不満を抱えていることへの理解が必要である。そして、これら両国は、現代においては世界的な影響力に対する野心を持ってきた国であるが、時に、われわれは核心的利益や価値を大きく損なうことなく受け入れることができる。

第五に、可能であれば、腐敗した指導者を社会から切り離し、慎重にターゲットを絞った手段で専制的な政権を抑止すべきである。ロシアや中国の社会を敵として扱うことは危険である。ロシアと中国の権威主義政権は、指導者に対する強烈な「愛国的」支持を生み出し、欧米に対するナショナリズム的な恨みを駆り立てるべく、ますます強硬で大規模なプロパガンダを用いている。他方で、国内で複雑で懐疑的な世論を生み出す可能性のある国際的情報に対する検閲も行っている。西側民主主義国とロシア・中国社会が不毛な対立を抱えれば、国際紛争を利用して世論の支持を高め、批判者を委縮させることに長けた指導者の術中にはまることになる。われわれの目標は、ロシアと中国の一般社会ではなく、体制（ロシアにおいては権力の座にあるオリガルヒエリート、中国においては共産党指導部）を罰することでなければならない。そのためには、個人に制裁を加えたり、重大な腐敗を暴いたり、国外からの攻撃を阻止したりする創造的かつ外科的な手段が求められる。しかし、トランプ大統領が二〇一八年に開始したような中国との全般的な貿易戦争は、付随的被害を発生させる巨大なリスクを抱えている。それぞれの社会に関与し、社会と指導者との間に距離を作り出すための、より的確で効果的な方法を模索すべきである。

第六に、民主主義の価値に忠実であり続けなければならない。ケナンは長文電報の中で、同僚に、「人間社会についてのわれわれの方式と理念を固守する勇気を持つ」よう促した。「結局のところ、われわれに降りかかりかねない最大の危険は、われわれ自身が対処している相手のようになってしまうことなのである。」(5) 権威主義的な敵対者が用いる偽情報や抑圧、腐敗などの歪んだ戦術に陥ってしまえば、自由を守るためのグローバルな闘いにおいて、われわれが勝利を手にすることはできない。われわれがそうした戦術に陥れば、プーチンは目的を達成させてしまう。彼の目的とは、ロシア・中国のシステムと欧米民主主義国のそれとの間には、美徳も理想も実質的な違いも存在せず、どの国もグローバルな権力闘争における非道徳的なライバルにすぎないと示すことである。

第七に、戦後の自由民主主義秩序を今の時代にあわせて再構想しなければならない。二一世紀に入り、ブラジル、インド、ナイジェリア、南アフリカなどの新興市場国が世界政治においてより大きな役割を果たすようになり、ファリード・ザカリアが「その他の国々の台頭（the rise of the rest）」(6) と呼んだ現象が現れている。われわれは、民主主義の価値と利益を確保する、より包括的で多極的な世界秩序を構築しなければならない。一九四六年にケナンが提唱したように、「われわれが見たいと思う世界の姿を、よりいっそう積極的かつ建設的に」示す必要がある。(7) 中国は、一帯一路構想をはじめとする世界戦略により、欧米諸国の強力なリーダーシップを中国の権威主義的なリーダーシップに置き換えた世界秩序を形成しようとしている。われわれは、新興市場国（とくにインド）を、包摂的ガバナンス、勢力均衡、法の支配といった、中国とは異なるビジョンに引き込まなければならない。

最後に、自国の民主主義を修復・強化し、他国にとって模倣に値するものにしなければならない。われわれが自由な政治制度に自信を持ち、それが社会問題に対処できることを示さない限り、対立する権威主義モデルと有利に競争することはできない。

本書の以降の章は、これらの課題に取り組むためのものである。古いことわざにもあるように、「何もせずに何かに勝つことはできない」。世界の民主主義国が自らのパフォーマンスを向上させなければ、ロシアや中国が民主主義に浸透してこれを破壊しようとする画策に、ますます肥沃な土壌を提供することになる。アメリカをはじめとする豊かな民主主義国が、権威主義国の偽情報に対抗し、民主主義的な思想や知識、手段を促進するために精力的なグローバルキャンペーンを展開しなければ、中国とロシアはこの情報戦に勝利するだろう。既存の民主主義国が、世界中で民主主義を志す人々を支援する決意を新たにしない限り、権威主義的な競争相手はロシアや中国から惜しみない援助を受けて（そしてそれによって負債を返済して）、勝利を収めるだろう。クレプトクラシーやマネーロンダリングに対するグローバルなキャンペーンを展開しない限り、敵である権威主義国が抱える最も明白な弱点を見過ごしたまま、民主主義を目指す国々は外国からの操作に対して脆弱な状態にさらされてしまうことになるだろう。そして、インターネットを民主主義にとって安全な空間にしない限り、オンラインの世界は、政治的な分極化や辛辣な誹謗中傷、または権威主義のプロパガンダに直接的に利用される場と化してしまうだろう。

これらはすべて、取り組みが可能であり、取り組まねばならないことでもある。そして出発点は、ロシアと中国がアメリカ、西欧、そして世界中の民主主義にもたらす危険に対抗し、その危険を封じ込めるために可能な（そして実施すべきでもある）、多くの具体的な課題である。

プーチンに立ち向かう

ウラジーミル・プーチン率いるロシアは、復活しつつあるものの、今も日和見主義的な勢力である。プーチンは、アパートの廊下をうろつく空き巣のように、どのドアの鍵が開いているのか、様子をうかがっている。チャンスがあれば侵入し、できなければ歩き去っていく。われわれはドアに鍵をかけて、デジタルや金融であれ、現実の世界であれ、その犯罪行為に高い代償を払わせなければならない。

クレムリンの民主主義に対する世界的な攻撃に対抗するには、いかなる戦略においても、まずはリベラルな価値を共有し、われわれよりもはるかにプーチンを理解している人々の声に耳を傾けることから始めるべきである。その人々とは、ロシアの民主派である。なかでも最も勇敢な人物の一人は、プーチン政権が二度も毒殺を試みたジャーナリストであり、活動家でもあるウラジーミル・カラ＝ムルザである。これらの暗殺未遂では、おそらくロシアのある諜報機関にしか投与できない高度な毒物が使用されている。カラ＝ムルザは二度にわたって瀕死の状態となり、予断を許さない長期的な療養生活を強いられた。最初の殺害未遂事件は、彼の政治的な師匠であり、親友でもあるロシアの反体制指導者ボリス・ネムツォフが二〇一五年二月にクレムリンのすぐ近くで銃殺されてから、わずか三カ月後のことだった。このような出来事にもかかわらず、カラ＝ムルザは、ロシアの改革運動を後退させることはなかった。

カラ＝ムルザは私に、プーチンの民主主義への脅威に対処するための三つの指針を示してくれた。「第一に」と彼は言う、「プーチンの話をする際にロシアと言うのは、やめるべきである」、と。プーチンはこの対立を、退廃的で威圧的な西側と、文化と主権を守ろうとしているだけのロシア市民との戦いに仕立て上げようとしている。しかし、われわれの対立相手は、ロシア市民ではない。対立相手は、ロシアの国家と莫大な天然資源がもたらす富を強奪した、プーチン支配下の略奪的支配層エリートである。プーチンが犯した罪の犠牲者は、われわれだけではない。一億四千万人以上のロシア人も、プーチンの犠牲者である。欧米が外交声明を発する際には、プーチンのクレプトクラシーと、そのもとで苦しむロシア市民とを明確に区別しなければならない。われわれはつねにこの二つを区別する必要がある。

第二に、プーチンをいたずらに称賛してはならない。一番やってはならないことは、プーチンの選挙での「勝利」を祝福することである。これは、オバマ、トランプ両大統領も犯した過ちである。これらは本当の選挙ではなく、民主的プロセスを装い、プーチンの独裁に何らかの正当性を与えるための、見せかけの選挙である。ロシアの民主派は、われわれにこう呼びかけている。どうか、この見せかけの民主主義を認めないでくれ、プーチンに自信を与えないでくれ、そして、真の民主主義のために闘うロシアの民主派を落胆させないでくれ、と。プーチンのような専制政治家に対しては、新しい行動規範が必要である。「彼について批判的なことが言えないなら、何も言わないほうが良い」のである。

第三に、政権エリートの資産と、彼らがそれを享受する能力という急所に、圧力をかける必要がある。人権侵害、略奪的な腐敗、その他の犯罪に関与した者に、限定的制裁を課すべきである。説明責任を高める上での画期的な出来事として、二〇一二年に、オバマ大統領がマグニツキー法に署名したことが挙げられる。この法律は、二〇〇九年にロシアの刑務所で撲殺された、ロシアの汚職防止分野の内部告発者であるセルゲイ・マグニツキーにちなんで名付けられた。オバマ政権は、ロシア政府高官とビジネス関係者十八名を同法のリストに載せて、「アメリカへの入国を禁止し、アメリカの銀行が保有する彼らの資産を凍結し、今後アメリカの銀行システムを利用することを禁止した」(8)。二〇一四年三月、ロシアがクリミアを併合し、ウクライナ東部で軍事行動を開始した後、アメリカが主導する西側諸国連合は、他の多数のロシア政府高官、軍人、オリガルヒ、銀行、企業に対し、欧米諸国への渡航や欧米諸国との商取引を禁止する制裁を適用し始めた。

限定的制裁は、ロシア市民全体に対してではなく、汚職や人権侵害を行う個人を罰するものであり、効果的なものだ。カラ＝ムルザは、ネムツォフの発言を述懐しながら、マグニツキー法は「ロシア市民の権利を濫用してロシア市民の金を掠め取る者を対象としているため」、外国で可決された最も親ロシア的な法律であると言った。「当面の間は」、とカラ＝ムルザは続ける。「ロシアのクレプトクラシーを食い止めることはできないが、彼らが収奪した富を欧米諸国で使わせないようにすることはできる」。プーチンと支配層のマフィアは、このような懲罰的措置を排除したいと強く望んでおり、そのことが二〇一六年に、ロシアにシンパシーを抱くアメリカ大統領を選出させようとする主な動機となっていたようである。

クレムリンは現在、少なくともいくらか後悔の念に苛まれているようである。二〇一八年四月六日、トランプ政権はプーチンが掌握する権力ネットワークの中核に深く切り込む新たな制裁措置を発表した。ロシアが二〇一六年の選挙に介入し、その後もサイバー攻撃を続けていることを理由として、ワシントンは「三十数人のロシアの個人・団体」に対し、アメリカ国内資産を凍結し、アメリカ内でのビジネス活動を遮断し、欧米の金融機関利用を禁止したのである。制裁の対象には、「プーチンと最も親密なビジネス関係者と、彼らが所有する企業」が含まれた(9)。そのなかには、プーチンの娘婿であるキリル・シャマロフ、ロシアで長者番付第九位の実業家であるヴィクトル・ヴェクセルベルク（保有資産推定一四〇億ドル相当）、国営の大手エネルギー企業「ガスプロム」ＣＥＯのアレクセイ・ミレル、プーチンのビジネス界の盟友であり、失脚した前トランプ選挙対策委員長だったポール・マナフォートとの関係が指摘されていたオレグ・デリパスカ（保有資産約六七億ドル相当）などがいた(10)。

翌月曜日の株式市場公開時には、ロシアの株式市場は十一%、そしてルーブルは四%以上下落し、ロシアで最も裕福なビジネスマン五十名は、一二〇億ドルの富を失ったと推測されている。(11)

これらの新たな制裁措置は、イギリスにおいてロシア政府が元諜報員の一人であるセルゲイ・スクリパリをソ連の軍用神経ガスで殺害しようとする不敵な試みを行った後に、欧米諸国が大使館や領事館からロシアの「外交官」（実際には諜報員またはその疑いがあると知られる人物）を追放した一連の動きに続いて発動されたものである。二〇一八年三月には、米英をはじめとする約二五カ国の西側民主主義諸国は、百名以上のロシア人工作員を「連帯の証し」として追放した。ガーディアン紙はこれを、「西欧によるロシア諜報ネットワークへの冷戦後最大の協調的打撃」と呼んだ。(12)

しかし、欧米はまだ手加減をしている。汚職防止活動家で作家のオリバー・バローの言葉を借りれば、スクリパリ暗殺未遂事件やイギリス内での化学兵器使用、プーチンに敵対する在英十数人の壮絶な殺人事件や不審死が相次いでいるにもかかわらず、イギリスは依然として、「ロシアのクレプトクラシーによる資金調達に広く門戸を開いている状態」である。(13)「銀行、法律事務所、会計事務所、私立学校、美術館、さらには保守党の資金調達者(14)」などを含むイギリスの政府や民間の機関は、略奪された富のマネーロンダリングや、そこからの利益享受に、深く、そして多くの場合故意に加担してきた。程度の差こそあれ、他の西側民主主義諸国もまた、親プーチン派のオリガルヒに対して、マネーロンダリングを手伝い、評判を高め、豪奢な生活を送るための安全な場所を提供してきたのである。

ワシントン・ポスト紙のコラムニスト、アン・アップルバウムが指摘するように、「ロシア政府がイギリスを見下すのは、ロシア政府がイギリスのエリートを買収したと考えているからである。そしてさらに悪いことに、その考えは正しいかもしれない」(15)。

トランプは、プーチンへの非難を拒み、二〇一八年四月の制裁は議会と国家安全保障チームによって強制されたものであったことを認めていない。にもかかわらず、自分はオバマよりもロシアに厳しいと長い間主張してきた。しかし、アメリカ大統領もヨーロッパ各国政府も、プーチンに対して十分に厳しい措置を取ってはいない。そしてどの国も、必要とされている強固で包括的な戦略を実施していない。では、そのような戦略とはどのようなものであろうか。

次章で見るように、戦略の礎となるのは、クレプトクラシーに対する断固としたグローバルキャンペーンである。そのためには、たとえ銀行や不動産業者、法律事務所、ロビイストの一部が巨万の富を得られなくなったとしても、民主主義社会をより合法的で透明性のあるものにするための法律や規制の改革が必要である。

また、プーチンの盟友に対してより広範囲に、限定的制裁を拡大することもできる。この制裁には、オリガルヒのみならずその家族に対するビザ発給禁止や、「ゴールデン・ビザ」プログラムの抜本的な見直しも同様に含まれるべきである。ゴールデン・ビザとは、疑わしい財源を持つ裕福な外国人が、最低金額を「投資」することと引き換えに、ビザを即座に取得できるようにする(そして非常に迅速に永住権や市民権さえも取得できる)プログラムである(16)。マルタやキプロスなどにおいては、「即金」と引き換えに、「金持ちの外国人に対して、事実上審査なしにEU市民権を付与する」という、最もずさんな制度形態が見られる。主な受益者は、ＥＵから「これを利用しなければ締め出されていたロシアや中国のビジネスマン」である。(17)

他にもさまざまな方法でコストを上げ、プーチン周辺への圧力を高めることができる。まず、ウラジーミル・ウラジーミロヴィチ・プーチンを筆頭としたロシア支配層エリートの腐敗を暴くため、諜報手段をより大胆かつ精力的に活用する必要がある。ロシアの独裁者は、数百億ドル規模の個人資産を持っていると考えられている。(18) 彼は自分の正統性に深く不安を感じており、自分の強欲な汚職（および最も親密な取り巻きの汚職）に関する報道を、実存的な脅威と見なしている。われわれは、プーチンのようにソビエト式の偽情報戦術を用いる必要はない。金融情報（すでに入手しているかもしれない）と事実に基づいた調査報道が、プーチンを弱体化させ、その正統性に打撃を与える上で大いに役立つだろう。

また、ロシアの破壊活動を記録し、その危険性を一般の人々に説明するためには、さらなる活動が必要である。その際、対応策を党派的な問題にしてはならない。ローラ・ローゼンバーガーとジェイミー・フライが書いているように（彼ら自身、超党派の政策チームである）、ロシアの野心的なキャンペーンを追跡し、抑止するには、アメリカと同盟国の政府機関の間において、全面的に統合され、十分に調整された取り組みが必要である。先進民主主義諸国は、情報を共有し、「どのような対策が効果的で、どのような対策が効果的でないのか、互いに教訓を学ぶ」ための新たな方法を必要としている（たとえば、フランスのエマニュエル・マクロン大統領の選挙陣営は、二〇一七年の選挙戦で、自陣営のサーバーに偽の情報を仕込み、ロシアからの偽情報の影響を鈍化させた)。幸いなことに、NATOもEUも、偽情報などによるロシアのサイバー攻撃を特定して撃退するための協調的なアプローチを展開している。[19]

これは喫緊の課題である。ロシアや中国、その他の敵対勢力は、われわれの電力網、銀行、企業、その他の重要なインフラをハッキングし、破壊し、情報を嗅ぎまわっている。ロシアからのサイバー攻撃には、アメリカ二十州以上で二〇一六年に行われた有権者登録データベースへの侵入や、二〇一七年の「ノットペティア」によるマルウェア攻撃も含まれ、トランプのホワイトハウスは、これを「史上最も破壊的で甚大なコストを引き起こしたサイバー攻撃」と呼んだ。[20] 二〇一八年七月、国土安全保障省は、ロシア政府のために活動するハッカーが、アメリカ電力会社の最も安全なデジタル制御室に侵入しており、クレムリンがアメリカで大規模な停電を起こせる状態になっていたことを明らかにした。「彼らは西欧諸国に対して秘密裏に戦争を仕掛けている」と、元国防総省高官のマイケル・カーペンターは述べている。[21] われわれは、デジタルシステムを近代化し、マルウェアに対する防御を強化するだけでなく、敵のサイバー戦闘能力を破壊し、より強力な攻撃能力を開発することで、敵を抑止しなければならない。

さらに、ロシアと中国の影響力工作から民主主義を守るためには、いくつかの一般的な措置が役立つ。まず、民主主義諸国は、ロシアや中国の報道機関、ジャーナリスト、ビジネスマンなど、これら権威主義国の諜報員としての役割を果たすことが多い者への監視能力を高めるべきである。そのためには、電子諜報と人的情報収集を向上させるとともに、自国の工作員やアナリストに、ロシア語や中国語のトレーニングを施す必要がある。また、アメリカと西欧の友好国は、経済的に豊かではない民主主義国の学者やジャーナリスト、監視団体、政策専門家を対象に、ロシアや中国の手法を把握できるよう訓練を行う必要がある。そうすれば貧しい国は、とくに被害を受けやすい秘密工作を特定し、暴露し、それに抵抗することができる(22)。

また、中国やロシアの国営メディアに関する問題にも取り組む必要がある。そこには基本的な非対称性がある。ＣＮＮやＢＢＣのような西側民主主義諸国の独立系ニュースネットワークは、ロシアや中国の視聴者にはほとんどアクセスできない。これに対し、こうした権威主義国のプロパガンダ装置は、民主主義国で自由に放送することができる。同じことはジャーナリストについても言える。われわれのジャーナリストは、中国やロシアでは厳しく制限されている（あるいはビザが発給されない）が、中国やロシアのジャーナリストは、アメリカではるかに自由に活動できる。問題は、言うまでもなく、われわれが原則として検閲に反対しているのに対し、彼らは反対していないということである。われわれは、専制国家の番組へのインターネットアクセスを遮断すべきではない。しかし、アメリカの自由で強靱なニュースメディアが中国やロシアの視聴者にアクセスできないにもかかわらず、なぜ彼らにアメリカのケーブルテレビへの市場アクセス権を与えなければならないのかは、明白ではない。貿易問題として、そして自由の問題として、中国やロシアの社会が欧米のネットメディアに対称的にアクセスできるよう求めるべきである。そして、中国やロシアのジャーナリストにアメリカのビザを発給する際には、アメリカ人ジャーナリストがどの程度アクセスを認められているかを、相互主義的に考慮に入れるべきである。[23]

習近平に立ち向かう

二〇一八年の夏、本書を仕上げるにあたり、中国の野望の最前線に位置するアジア諸地域を幅広く回る旅に出かけた。訪れたのはインド、タイ、香港、台湾である。インドでは、外交政策の立案者や研究者、人権活動家、最近退職した外交官（その中には、インドでキャリア外交官の頂点に立ったすばらしい者もいた）などと話をした。台湾では、現在進歩的な政府の要職に就いている旧友や、活気ある民主政治や市民社会、報道機関の関係者に会った。タイと台湾では、中国がもたらす新たな挑戦について、学生や同業者を前に講演を行った。香港では、いわゆる汎民主派に属する当選議員や政治家、学生リーダーと共に、感動的で忘れられない時間を過ごした。そこには、単に香港の自治と民主主義の約束を中国政府に果たしてほしいと望む穏健派から、中国共産党の威嚇に辟易し、完全な独立を要求する急進派まで、さまざまなメンバーがいた。

対談相手の多くは、きわめて進歩的で反体制的な考えを持っている人々で、二〇一四年に香港で行われた「雨傘運動」で学生デモのリーダーであった細身で眼鏡を掛けた黄之鋒も、その一人であった。二〇一八年初頭に二度目の有罪を宣告された後、彼は、「体は監禁できても、心は監禁できない」と述べた。[24]

アメリカであれば、これらの活動家は、ドナルド・トランプに対する「抵抗勢力」の一員となっていたであろう。実際、彼らのほとんどは、トランプの低俗な言いぐさや、非リベラルな態度、権威主義的素質に愕然としていた。しかし彼らは、経験豊かな戦略家や保守派の評論家らの間に幅広く見られる（そして私にとっては驚くべき）感情を共有していた。アメリカ大統領がついに中国に立ち向かったことに対する、感謝の念である。

私は、インドから日本、そしてシンガポールから台湾に至るまで、中国の野望に対する恐怖心が高まっているだけでなく、中国への対抗を望む声が高まっていることを実感した。既存の民主主義的超大国なしには、台頭する専制主義的超大国に対抗することはできない。

そのような対抗戦略には、市民的、政治的、経済的、軍事的側面が必要である。民主主義諸国は、中国がどのように影響力を行使し、他国と関係を構築し、友好関係を結ぶのに条件を設定しているのか、理解することから始めなければならない。

そのためには、教育という重要な領域において中国のシャープパワーに対峙することも必要である。大学の管理者をはじめとする教育界の指導者は、秘密協定や外国政府の命令が、自由な社会における教育の使命と矛盾することを次第に認識するようになってきている。だからといって、中国との提携をすべて禁止するのは、民主主義と開かれた探究の精神に反する。しかし、孔子学院や同様の事業に関するすべての契約は、完全に透明でなければならない。教員、学生、一般市民は、中国がどのような人材や資源を提供しているのか、そしてそれらには条件が設定されているのかを、知るべきである。

中国からの提案の多くには、審査や管理が不可欠である。一部の大学は、中国が提供する語学の教科書やその他教材を評価するリソースを持っている。そうしたリソースがない大学には、支援が必要である。これらの大学は、コンソーシアムを形成して専門家のアドバイザーを採用し、中国の教材が政治的プロパガンダを助長したり、特定のテーマに関する議論を禁じたりしていないことを確認する措置を取ることができる。

中国人留学生の知的自由は、保護されるべきである。中国政府が広範な影響力を行使して、タブーとされるテーマの議論を抑圧しようとしたり、デリケートな問題について中国共産党の路線に公然と反抗する中国人留学生を脅迫したりする場合、大学は、学生が助けを求めるための何らかの秘匿的な手段を提供するべきある。また、学生団体は、外国政府から資金を調達した場合は大学当局に報告し、承認を得なければならないようにすべきである。国内外で表現の自由を抑圧しようとしていることで知られる専制国家からの資金提供がある場合、資金を受けたことで団体の独立性と表現の自由が損なわれていないことを証明する責任は、学生団体側にあるべきである。

この原則は、シンクタンクや大学の研究プロジェクトにも当てはまる。すべての研究およびプログラム活動に対する国外からの資金提供は、資金提供の前提となる目的や条件とともに完全に開示し、第三者による資金源の危険性評価を可能にすべきである。

さらに必要なことは、アメリカの政策に影響を与えようとする中国（およびその他の外国）の活動に対するアメリカ政府の追跡調査を強化することである。国外からの資金提供がそのような目的を持つ場合、アメリカの資金受領者は、外国人代理人登録法に基づいて登録することが義務づけられている。この法律と、司法省による同法の施行を強化すべきである(25)。

民主主義国は、権威主義国による政治介入に関して、市民の意識と法的障壁の両者を高める必要がある。まず、そのためには、オーストラリア政府が最近成立させたように、政治運動に対する外国人の献金を禁止するべきである。このような献金は、アメリカでは連邦政府レベルでは違法だが、すべての州や自治体において違法とされているわけではない。アメリカ国内で外国政府のためにロビー活動を行う者はすべて、現在のように単にロビイストとして登録するのではなく、外国代理人登録法に基づいて登録するようにすべきである。そしてこれは、州政府や地方自治体へのロビー活動にも適用されるべきである。くわえて、オレゴン州選出の民主党議員であるピーター・デファジオ下院議員が提唱する、いわゆる汚泥一掃法（Drain the Swamp Act）は、アメリカ政府の役職に就いていた元政治家が、外国政府や政党のためにロビー活動を行うことを禁じるものである。この対象を元連邦議会議員（言うまでもなく、元大統領や副大統領、他の民主主義国では首相も）にも拡大すべきである。海外からもたらされる汚職の扉は、堅牢に、そして決定的に閉ざされるべきである。

中国の影響力工作はますますグローバル化しており、世界の多くの国々が、それを暴露しそれに対抗するのに必要な手段や知識を深めるための支援を緊急に必要としている。豊かな民主主義国の財団は、他国のジャーナリストや研究者に対して、中国の影響力工作の仕組みや、中国企業の自国への投資を追跡する方法、自国の元公職者のビジネス上のつながりを監視する方法について、トレーニング支援ができるだろう。アメリカの州政府や地方自治体、市民社会関係者は、さまざまな形態で協力やパートナーシップを求める中国の個人、団体、企業からの提案に関する信憑性を見極める上で支援を必要としており、理想的には、連邦政府機関に自発的にアプローチできるような支援が望ましい(26)。中国からのアプローチは言葉通りのもので、利点を受け入れるべきものもあるかもしれない。逆に、中国の公式な国際的影響力工作の不透明で複雑な構造の中に組み込まれ、中国共産党の影響力をアメリカの民主主義の深部にまで密かに拡大しようとするものもあるかもしれない(27)。民主主義国はまた、外国人からの選挙運動への献金を(禁止するまではいかなくとも)開示するためには、どのような法律、基準、手段が最適か、また、中国がネット検閲や市民の通信を傍受するために、どのようなデジタル・ツールを専制国家に販売しているのかについて、相互学習をすべきである。最後に、中国が都合の良い報道を買い上げたり批判を攻撃したりするのに対して、豊かでない民主主義国の独立系メディアがより良く抵抗するために、非政府系財団からの資金援助はその助けとなるだろう。われわれは、権威主義国の影響力が開かれた社会に浸透し、腐敗を引き起こす可能性があることを、いっそう強く認識しなければならない。

ハイテク脅威

二〇一八年三月二二日、トランプ大統領は、中国からの輸入品最大六〇〇億ドルに対して関税を課すことを承認し、論争の嵐を巻き起こした。これは、アメリカの技術を窃盗し、ハッキングし、アメリカ企業に圧力を掛けてそれを取得しようとする中国政府の執拗な試みへの対応である、と彼は述べている。大統領の反撃が拙いものであったとしても、中国という課題についてはは核心をついていた。権威主義を強める中国がアメリカよりも軍事的に優位に立つことほど、自由の未来を深く脅かす展開はないだろう。

このような見通しは、五年前には信じがたいことだったであろう。しかし中国は現在、サイバー空間、超音速兵器、対衛星システム、ドローン、ロボット工学、人工知能、高度なコンピューターなどの能力を急速に向上させており、十年以内、はたまた二十年以内に、アメリカとの戦いに勝てるようになるかもしれない。

もちろん、だからといって、トランプ大統領が今日であれば貿易戦争に勝てるということではない。中国との貿易戦争を始めたことで、トランプはアメリカの農家や産業だけでなく、アジアの他地域の多くの経済主体にも損害を与える恐れがある。われわれには、より賢く包括的な対応が必要である。そして幸いにも、議会が中国の挑戦の大きさに気づいたことで、この種のアプローチへの支持が高まっている。

オバマ政権後期に設立され、シリコンバレーに本部を置く国防総省の小規模プログラムである国防イノベーション実験部隊用に作成された報告書がある。これは、最先端技術をあらゆる手段で獲得しようとする中国の戦略に関する決定的な報告書として、支配を求める中国に対処するため、さらにいくつか的を絞った対策を提案している(28)。とくに、対米外国投資委員会を強化する必要性を指摘している。この委員会は、アメリカの国家安全保障を脅かす可能性のある外国投資を審査するための重要なメカニズムで、外国からの投資を阻止する権限を持っている。しかしそのプロセスはあまりにも煩雑で、十四の異なるアメリカ政府機関が関与しており、同委員会が定める九十日という期間内に審査を完了させることはできていない。リソースや権限が限られているため、年間一五〇件程度しか審査できておらず、その数はアメリカの安全保障に深刻な影響を及ぼす商取引のごく一部でしかない。

二〇一八年七月、議会は重要な一歩を踏み出した。アメリカの安全保障や競争力に悪影響を及ぼす可能性のある国内企業や不動産を外国企業が買収しようとする事例については、対米外国投資委員会に対し、審査を実施し買収を阻止するための権限を大幅に拡大したのである(29)。アメリカの技術的リーダーシップに対する複数の脅威(中国からだけでない)に迅速に対応するためには、委員会にはさらに多くのリソースと権限が必要である。

中国の行動は、デジタル時代における個人の安全にも大きな影響を与えている。ロサンゼルスに本社を置くゲイの出会い系サイトである「グラインダー」が最近、中国企業に買収されたことを考えてみよう(30)。買収したのは「クンルン」という、あまり知られていない中国のオンラインゲーム会社で、国営企業ではない。グラインダーは、ユーザーデータは安全であると述べている。しかし、サイバーセキュリティの専門家の中には、中国政府がユーザーデータに幅広くアクセスする可能性に警鐘を鳴らす者もいる。ゲイが関係を持つ相手を静かに探す際、グラインダーが一役買っている。そのため、アメリカの個人に関する「大規模なデータベース」を構築している中国の諜報機関にとって、このデータは「恐喝の手段として利用」できる、便利で「魅力的な情報源」であると、ある報告書は指摘している。[31]

国防イノベーション実験部隊の報告書は、今後数十年間にわたって中国が圧倒的な技術力を持つ国にならないようにするために、他にもいくつかのステップを挙げている。とくに重要なのは、研究開発に対する連邦政府の資金提供を増やすべきとの提言である。政府の研究開発費は、一九六〇年代にはGDPの二%を占めていたが、今日では〇・七%にまで減少している（中国、日本、韓国、ドイツをはじめとするいくつかの国の研究開発費を下回る水準である）。もちろん、アメリカの民間部門の投資額はこれよりもはるかに多い。しかし、複雑な未来の技術に大胆な資金投入をするためには、連邦政府の資金提供が不可欠である。インフラ自体への投資が必要な場合もある。[32]

また、専門家を対象としたビザの問題についても、よりスマートな取り組みが必要である。アメリカは、科学や技術、工学、数学（いわゆるSTEM分野）の学習を学生に奨励するための動きを活発化させるべきである。現在のところ、アメリカでは「STEM分野の労働者が慢性的かつ急激に不足している」[33]。他方で、多くの中国人学生は、大学院でこうした重要な分野の研究を希望している。国家安全保障にとって最も重要な技術分野において大学院での研究を希望する中国人学生への門戸開放を見直すか、あるいは、価値ある学位を取得した中国人学生をアメリカに無期限に滞在させる必要がある。卒業後にアメリカで働くためのビザを短縮するという、トランプ政権が二〇一八年五月に発表したやり方は、全く間違っているだろう。[34]

同時に、インドのように国家安全保障上の脅威とならない国から、科学や工学分野の人材をより多く採用する必要がある。より広く言えば、アメリカは、外国人専門家（H－1B）ビザの年間発給数を大幅に拡大し、アメリカの企業や大学が将来の産業をリードするために必要なSTEM分野のスターを、海外から採用できるようにすべきである。このような外国人人材雇用ビザに対するアメリカ企業の需要は、アメリカ政府による現在の発給数をはるかに上回っている。ある調査によると、高度外国人材は、一人当たり一・八三人の雇用をアメリカ居住者の間で創出するのみならず、アメリカ企業に付与される特許数を増加させ、技術革新におけるアメリカの優位性を強化しているという(35)。

こうしたことから、今日の移民に関する議論は、異なる観点から見ることができる。移民は国家安全保障に関わる問題ではあるが、ドナルド・トランプとその仲間である移民排斥主義者たちが主張するような意味での問題ではない。アメリカが巨大な専制的ライバル二カ国と異なるのは、技術的な才能や創造的なエネルギーに満ち溢れた人々を世界中から惹き付ける能力があることである。このような才能や起業家精神の流入に門戸を開いておくことが、アメリカが偉大な国であり続けることにつながる。そして、これらの移民を同化し彼らに民主主義国の市民権を与えることは、アメリカの民主主義にとって大きな機会となる。この分野では、中国やロシア、そして世界のあらゆる専制国家も、アメリカに太刀打ちすることはできないのである。

第10章
クレプトクラシーとの戦い

クレプトクラシーの道筋は、……窃取、隠蔽、消費である。(1)
――オリヴァー・バロー

二〇〇六年、ディスカウントストア業界有力者の未亡人が、首都ワシントンにある二万三〇〇〇平方フィートの豪邸を、現金一五〇〇万ドルで売却した。ベッドルーム七つ、洗面所一一・五カ所、エレベーター、映画館、「イタリア製大理石の床や、かつてパリのオペラ座にあったシャンデリア」を備えたこの豪華な邸宅は、ワシントンの一等地であるエンバシー・ロウ地区に戦略的に位置している。市内のセレブや権力者の邸宅に囲まれ、副大統領公邸から半マイル、ロシア大使館から一・六マイルの距離にある。ワシントンで最も優れた政治法律家の一人であるバーノン・ジョーダンは通りの向かいに住んでおり、二〇一六年の選挙後にはトランプ大統領の最側近であるケリーアン・コンウェイが隣に引っ越してくることになっていた。当時、この家の売却はワシントンの歴史上、最も高額なものの一つであった。しかし、買い手について知られていることは、その邸宅の正式な売却先である無名の会社の名前だけであった。(2)

十一年後のワシントン・ポスト紙の報道で、実際の所有者はロシアで最も強力なオリガルヒの一人、オレグ・デリパスカである可能性が高いことが明らかになった。二〇一八年四月、ロシア政府への関与とマネーロンダリングの疑い、および「ビジネスライバルの命を脅かし、政府関係者を違法に盗聴し、恐喝やゆすりに加担した」疑いがあるとして、アメリカの制裁対象者リストに追加された人物である。(3)

デリパスカは、世界最大級のアルミニウム生産業者で、エネルギー、保険、運輸関係などの分野でも手広く株式を保有しており、ロシアのウラジーミル・プーチン大統領の盟友である。このオリガルヒは長い間、アメリカビザを取得できずにいたが、ロシアの外交旅券を使用し、定期的に渡米していた。そのため、報道されているワシントンの豪邸と、英領ヴァージン諸島の信託運用を通じて購入したとされるマンハッタンの二つの邸宅（二〇〇六年に四五〇〇万ドルで購入されたタウンハウスと、二〇〇八年に四二五〇万ドルで購入された邸宅）を訪れることができていた。(4) その間、このロシアの金属王は、ドナルド・トランプの大統領選挙戦で一時は対策本部長を務め、その後二〇一八年に銀行詐欺や脱税で有罪判決を受けたポール・マナフォートのようなワシントンのフィクサーたちと関係を築いていった。また、ハーパーズ紙によると、デリパスカは、持ち株会社を通じて外交問題評議会（デリパスカからの資金提供とは認識していなかったとしている）やカーネギー国際平和財団（今日ではそのような資金は受け取らないとしている）などの権威ある組織に献金することすらできていたという。[5]さらにやっかいなのは、デリパスカのような不審人物が自分の評判をロンダリングし、国際的制裁から逃れるべく、多額の手数料を支払って助けを求めてくるのを、手ぐすねを引いて待っている膨大な数の弁護士やロビイストがいることである。オバマ政権の国家安全保障会議高官であるマイケル・R・カーペンターは、「オレグ・デリパスカは、ワシントンでの影響力をカネで買う方法を、ロシアのオリガルヒの中でも非常によく熟知している」と語っている。[6]そして、ニューヨーク・タイムズ紙のアンドリュー・ヒギンズ記者とケネス・P・フォーゲル記者によれば、「資金力のある外国の利権団体が（アメリカの）制裁や関税を回避するのを助ける」ことは、「ロビー・ビジネスの中で最も急成長している分野の一つ」だという。[7]

デリパスカのようなグローバルなオリガルヒの背後には専制支配者がおり、国家が支援する犯罪組織を実質的に率いている。プーチンはその中で最も裕福な支配者かもしれないが、多数のうちの一人に過ぎない。マレーシアの元首相ナジブ・ラザクを例に挙げよう。彼とその取り巻きは、政府保証債から資金を吸い上げるという驚くほど大胆な「吸い上げ・窃取方式（pump and loot scheme）」を通じて、二〇〇九年から二〇一五年までの間に約四五億ドルをだまし取ったとして、アメリカ司法省から告発されている。窃取を行っていたのは政府系開発会社である「1マレーシア・デベロップメント・

ブルハド（1MDB）」で、地域の金融センター、怪しいペーパーカンパニー、欧米の巨大銀行などの複雑なグローバルネットワークを介して資金洗浄を行っていた。アメリカの裁判所に提出された書類によると、「資金は、マンハッタンやビバリーヒルズの高級不動産、モネやゴッホの絵画、世界最大級の音楽出版会社の一部、三五〇〇万ドルのボンバルディア社製ビジネスジェット『グローバル五〇〇〇』、二億六〇〇〇万ドルのスーパーヨット『エクアニミティ』、オーストラリアのスーパーモデル、ミランダ・カーにプレゼントされた八百万ドルの宝石などを購入するために使われた」とされている。(8) 盗まれた資金は、「ラスベガスでのギャンブルの借金」の返済に八五〇〇万ドル、映画製作会社への投資として数千万ドルが使われており、この映画製作会社は、狂気に満ちた拝金主義を描いたハリウッドの大作『ウルフ・オブ・ウォールストリート』を製作し、批評家から絶賛された。(9)

世界数十カ国の腐敗した専制支配者やオリガルヒ同様、オレグ・デリパスカやナジブ・ラザクがアメリカ社会に入り込むことができたのは、アメリカ社会が不正資金のロンダリングを許容しているのみならず、それを歓迎するような法律の抜け穴があるためである。ある鋭い観察者が言うには、国内に効果的な規制がないことから、アメリカは、スイスやケイマン諸島のような悪名高い資金逃避先ではないにせよ、「匿名会社が設立される代表的な国」になっているという。(10) アメリカ財務省の推定によれば、アメリカに流入するロンダリング資金は年間三千億ドルで、これはアメリカ経済の二％に匹敵する。(11) イギリスでは状況はさらに衝撃的である。イギリス経済の約五％にあたる、およそ一二〇〇億ドルものロンダリング資金が流入しているのである。(12) ある試算では、世界の富の八％、アフリカの富の三十％、ロシアの富の五十％が、秘密のオフショア口座に保管されているという(13)。

追跡不可能な資金がグローバルに移動することにより、驚くほど多数の腐敗した独裁者やその家族、政治的盟友、ビジネスの取り巻きが、欧米で財産や影響力を獲得し、自由な国の民主主義と法の支配を腐敗させることが可能になっている。ロシアの腐敗防止を分析しているイリヤ・ザスラフスキーは、ハドソン研究所の草分け的なプロジェクトであるクレプトクラシー・イニシアティブに寄稿した論文の中で、欧米が「民主主義規範の普及にほとんど失敗するなか、欧米の価値体系に対する組織的攻撃がますます協調的に行われている」と警告している。そして、「腐敗した慣行や規範などが流入するという有害な現象は、アゼルバイジャン、カザフスタン、ロシアのような旧ソ連のクレプトクラシー体制からもたらされるのみならず、中国をはじめとする世界中の国々からももたらされており、それらの国の支配エリートは、今では欧米で広範な金融的・政治的利権を握っている」と指摘する(14)。

クレプトクラシー・イニシアティブの事務局長を務めるチャールズ・デヴィッドソンが二〇一七年の議会証言で警告したように、クレプトクラシーは「比較的新しい」が、民主主義にとって不吉な脅威であり、「われわれは厳戒態勢を敷くべき」である(15)。オンラインのケンブリッジ辞典では、クレプトクラシーは、「指導者が他の人々から盗みを働くことで豊かさと権力を掌握する社会」と定義されている。しかし、現代のクレプトクラシーは、単なる大規模な略奪的汚職に関するものではない。国際金融システムを利用して、不正に手に入れた富を、国境を越えて移動させ、隠蔽し、確保する行為が見られるのである。

これまで見てきたように、政府関係者は国民に奉仕するためではなく、主に自分やその取り巻き、自分の政党を豊かにするために存在しているという認識が人々の間で広まることほど、民主主義の正統性を容易に奪うものはない。ブラジルからメキシコ、ウクライナからチュニジア、モンゴルからモルドバに至るまで、大規模で蔓延した汚職は、民主主義にとって最も緊急性の高い国内的脅威であり、外部からの破壊行為に対する民主主義の脆弱性をいっそう高めるものである。

国家の財源を略奪する機会は、非民主的な行動を永続化させ、公式な支配エリートと隠れた支配エリートの両方に対して、権力にしがみつく過剰なインセンティブを与える。ロシアからベネズエラまで、ナイジェリアからケニアまで、パキスタンからマレーシアまで、クレプトクラシーは民主主義の台頭と定着を妨げる最も重大な障害となっている。そして、アメリカやイギリスのような「先進」民主主義国の銀行制度、不動産市場や会社登記簿に不正な資金が密かに流れ込むと、それらの制度もまた腐敗し、衰退していく。

強力なルールや明確な監視がない場合、中国のような強力な権威主義国は、裕福な関係者を通じて民主主義国の政治や政策議論に入り込むことができる。欧米では、「腐敗したビジネスマンを代理人として利用し、政治的な目標を達成しようとする」クレプトクラシーが増えている、とザスラフスキーは警告する(16)。これらの国は、公の場ではロビイストや広報担当者を雇って欧米の政府に影響を与えつつ、秘密裏に、現職および退職した政府関係者を金銭や実入りの良い雇用で誘惑する。

中国はしばしばこのような戦術を展開しているが、ドイツの元首相ゲアハルト・シュレーダーがロシアのエネルギー産業との間に築いた関係性を超えるようなものを欧米の有名企業との間に構築した中国のビジネス関係者はいないだろう。二〇〇五年に政権を去った社会民主党のシュレーダーは、政権の座に就いていた七年間に親ロシア路線を強め、その後「ロシア政府が支配するエネルギー企業「ガスプロム」が大株主もしくは単独株主となっているいくつかのコンソーシアムの理事会メンバーを務め」、莫大な富を築いた。(17) ロシアに対する欧米の制裁に遠慮なく反対を唱えるシュレーダーは、二〇一七年九月、制裁の主な対象であるロシア最大の石油会社「ロスネフチ」の取締役会長に選出されている。

小規模なクレプトクラシーも、これらのゲームで巧みに展開されている。オイルマネーで溢れ返ったもう一つの旧ソ連国家であるアゼルバイジャンは、「人権と基本的自由の保護のための条約を守ることを目的とする」欧州評議会を無力化することに成功した。欧州評議会は、チェコの故ヴァーツラフ・ハヴェル大統領がかつて、「ヨーロッパで最も重要な政治討議の場」と呼んだ機関である。(18) 二〇〇〇年、欧州評議会における議員会議のリベラル派メンバーの多くは、アゼルバイジャンの権威主義的慣行が徐々に変化することを期待して、アゼルバイジャンの加盟を認める動議に賛成した。しかし、欧州安定研究所の所長であるゲラルド・クナウスが指摘するように、「アゼルバイジャンは欧州評議会を変革しようとした」。同国は、欧州評議会の代議員に「シルクの絨毯、金銀製品、酒、キャビア、カネ」を惜しみなく与え、独裁者を批判するヨーロッパ人を執拗に攻撃した。アゼルバイジャンの選挙では甚だしい不正が行われ続け、家族で同国を二五年間統治してきたイリハム・アリエフ大統領は、約百人の政治犯を拘束し続けていた。欧州評議会は、加盟国は政治犯を収容することはできない、と警告していたにもかかわらず、である。二〇〇九年、アリエフが推進する「より強固な安定性」のための投票と称した大統領任期制限撤廃のための国民投票を、欧州評議会の議員代表団は支持した。この代表団にいたドイツ人メンバー二名は、後にアゼルバイジャンに雇われ、ロビイストとなった。その後欧州評議会の監視機能は、アゼルバイジャンの茶番のような選挙を「自由、公正、透明」といった言葉で称えた。

フランス語圏のアフリカで得られた石油収入をフランスの政治運動に利用することほど、露骨な相互腐敗の例はない。一九六〇年代以降、フランスの政治家は、半世紀にわたって国家財産を窃取してきたガボンのボンゴ政権のような石油クレプトクラシーとの間で、特別な関係を維持してきた。フランス企業は、アフリカの石油を生産・販売するために有利な条件を獲得し、アフリカの専制政治家は、莫大な富とフランス軍からの安全保障を与えられた（ボンゴ家がフランスに持つ三三の不動産には、パリの三つの豪邸とリビエラの別荘が含まれる）。勇敢な政治学者ブレット・カーターが報告しているように、その見返りとして、専制政治家たちはドゴール主義者やその他政党の選挙運動に「資金を提供すべく、石油収入の一部をフランスに送金」していた。ジャック・シラク大統領の政治資金調達担当者と政府は、一九九七年から二〇〇五年の間に、アフリカのクレプトクラシーから約二千万ドルを集めたと述べている。(19)

略奪的なコンゴ共和国の独裁者ドニ・サス＝ヌゲソは、自国の石油の富が十分でないと判断すると、国際市場で資金を借用し、ロビイストを雇い、債務救済を達成するために政治家に賄賂を渡した。二〇一七年に再び債務問題に陥ると、不祥事を起こした元国際通貨基金総裁のドミニク・ストロス＝カーンを雇い、新たな救済措置を求めた(20)。他のアフリカのクレプトクラシー国家と同様、サス＝ヌゲソはアメリカのロビイング会社やPR会社と多額の契約を結び、自分の評判をロンダリングして自国政府に有利な待遇を得ようとしてきた(21)。

フランス語圏のクレプトクラシー独裁者の中には、自分のイメージを操作するために国際的なメディアに投資している者もいるようだ。定期的にサス＝ヌゲソを絶賛するフォーブス・アフリカ誌は、「サス＝ヌゲソのマネーロンダリング装置に関与している」とされるカナダ系コンゴ人企業家によって運営されている(22)。カメルーンと赤道ギニアの腐敗した独裁者であるポール・ビヤとテオドロ・オビアンは、アフリカ24誌を共同所有している。カーターが指摘するように、フランス語圏アフリカで最も人気のあるジュンヌ・アフリック誌は、「中央アフリカの専制政治家に政治報道を売っているという評判が昔からあった」が、その信憑性は二〇〇五年に流出した文書で一部証明されている(23)。

民主主義を阻む相互作用を持つクレプトクラシーは、アフリカのフランス語圏諸国のみに見られるものではない。一九六〇年代に石油が発見されて以来、ナイジェリアでは政界エリートが数百億ドルを奪い、その大部分を欧米の不動産、投資、銀行に回している。最も極端なクレプトクラートである元軍事独裁者のサニ・アバチャは、同国を支配していた一九九〇年代の五年間に四〇億ドル以上を盗み、そのほとんどを海外に送金したと言われている(24)。

反汚職団体であるグローバル・ウィットネスの報告書によると、二〇〇八年の一年間だけで、アンゴラでは政府による石油収入報告に最大百億ドルもの食い違いがあることが確認されている。長年アンゴラでクレプトクラシーを敷いていた大統領、ジョゼ・エドゥアルド・ドス・サントス大統領の娘であるイザベル・ドス・サントスは、「ポルトガルの銀行、メディア、エネルギー産業の大部分を買収することで、ポルトガルで最も有力な人物の一人となった」と、ニューヨーク・タイムズ紙は報じている。[25] イザベル・ドス・サントスが二〇一七年後半にアンゴラの石油会社会長の座を解雇された後も、父親がついに大統領職から退いた後も、彼女は二二億ドルの純資産を保有していたと推定されている。[26] 富と野心により、彼女は欧米の上流階級で地位を獲得し、国際的な映画祭に自由に出入りしている。他方、アンゴラは人間開発指数の総合ランキングにおいて世界一八八カ国のうち一五〇位にある。

これは、アンゴラが貧困国だからではなく（純粋に金銭的観点で言えば、アンゴラは中所得国である）、支配層のエリートが富を略奪しているからである。アンゴラの平均寿命はわずか五三歳で、世界で最も低い国の一つである。ナイジェリアも同様である。石油資源に恵まれたこの二カ国は、乳幼児死亡率と小児死亡率においてもアフリカ平均を下回っている。その結果、アンゴラとナイジェリアでは、乳児の七％が一歳の誕生日を迎える前に死亡し、子どもの十〜十二％が五歳になる前に死亡している。[27]

二〇一五年、私は、富がもたらす腐敗の影響に、小さいながらも不安な形で遭遇した。エルサルバドルで開催された民主主義共同体の閣僚会議で講演をしていた時のことである。この会議は隔年で開催され、約百カ国の首脳が集まり、共通の価値に対する各国のコミットメントを新たにするものである。しかしなぜか、世界で最も権威主義的な政府の一つであるアンゴラが正式なメンバーとして参加していた。それまで何年にもわたって、どの政府が参加すべきか（つまり民主主義の地位を主張すべきか）をめぐり議論が交わされ、必然的な妥協が繰り返されてきたことに鑑み、アンゴラの参加は民主主義共同体の設立目的に対してあまりにもひどい冒瀆であった。私は会議の公式発言で、アンゴラを参加させた決定を非難したが、エルサルバドルの外務大臣は、すべての国はそれぞれのペースで民主化を進めていかなければならないという陳腐な主張でこの決定を擁護した。個人的な会話の中で、アンゴラが参加したのは、民主主義共同体の運営理事会のメンバーであり、アンゴラの旧宗主国であるポルトガルが主張したからだと知った。数カ月後、ポルトガルに控え目に問い合わせたところ、イザベル・ドス・サントスから圧力を受けて、この問題を押し通したと聞かされた。

これは小さな象徴的な問題でしかないと片付けることもできる。しかし、ポルトガルはこの数年前、アンゴラの汚職やマネーロンダリングに関する調査を行った際、アンゴラから投資引き揚げの脅しを受け、ポルトガル外務大臣の謝罪とともに調査を中断する事態に追い込まれていた。また、ある国際的な報告書は、国際的な贈収賄やマネーロンダリングに関する多国間基準の実施が不十分であるとして、ポルトガルを非難し続けている[28]。

不正資金の国際的な流れは、西側の民主主義を衰退させているだけではない。世界中の国家主権と安全保障をも脅かしているのである。これらの取引は、新たなクレプトクラートを定着させ、これらに力を与えることで、政治的暴力や人権侵害、脆弱国家の完全崩壊の危険性を高める。リビア、ハイチ、リベリア、イエメンなどで政治秩序が崩壊すれば、アメリカと西側同盟国は頻繁に巻き込まれる。そしてアフガニスタンのように、いったんクレプトクラシーが始まってしまうと、アメリカはそこから抜け出すことが困難になる(29)。

より直接的な言い方をすれば、われわれの安全保障は、以下のような単純な事実によって脅かされている。腐敗した外国政府職員がアメリカのペーパーカンパニーを利用して資金洗浄を行うことができるならば、テロリスト、麻薬カルテル、人身売買業者、その他の組織犯罪ネットワークも同様に、これを利用できるのである。以下のことを考えてみてほしい。

・悪名高いロシアの武器商人、ヴィクトル・ボウトは、アメリカに設立したペーパーカンパニーの一つを利用して、何年にもわたってタリバンに武器を提供していたと言われている(30)。幸い、ボウトはタイで逮捕され、二〇一〇年にアメリカに引き渡された。彼はまた、アフリカの軍閥に武器を供給し、内戦の主な火種となっていた。二〇一一年には、コロンビアの反政府組織であるコロンビア革命軍に武器を売り、アメリカ軍に対抗させようとした罪で有罪判決を受けた。ボウトは現在、アメリカで二五年の実刑判決を受け、服役している。

・アメリカの四つの州(デラウェア州、ネバダ州、サウスダコタ州、ワイオミング州)では、匿名のペーパーカンパニーを登録することが非常に容易であり、クレプトクラシー・イニシアティブのある報告書では、「デラウェア州に籍を置く会社や信託ファンドをイスラム国が運営している可能性がある」との警告が発せられている[31]。

・アメリカ政府説明責任局は、最近行われた調査において、「連邦政府が取り扱う一四〇〇件の「高セキュリティ」賃貸借契約のうち、約三分の一を占める外国人所有物件に関して、真の受益者を特定することができなかった」としている。このことは、FBI、シークレット・サービス、麻薬取締局、国土安全保障省などのリース機関が、まさに「彼らが調査を任されているところの国際犯罪者や悪質な外国勢力[32]」が所有する建物で仕事をしている可能性があるという、不条理で危険な可能性を示唆している。

国家安全保障上の脅威に加えて、クレプトクラシーはとくに貧困国に対して人道的な荒廃をもたらす。本質的に、政府の腐敗はすべて、市民に対する犯罪である。公共の利益を増進することができたはずの資源（あるいは決定）を、私利私欲のために流用（あるいは歪曲）する窃盗行為なのである。その結果、道路や橋、学校や病院、司法や衛生的な水へのアクセス、適切な所得分配など、これらすべてが被害を受けることになる。

私がこのことに直感的に気づいたのは、ナイジェリアの腐敗した第二共和政の最晩年にあたる一九八二年から一九八三年に同国で暮らし、教鞭を取っていたときのことである。そのとき、クレプトクラートの政治階級は略奪を行って民主主義と社会を破壊し、経済は混乱し市民の怒りが蔓延していた。そして学生たちが街頭でデモを行い、軍の権力復帰を促すまでになっているのを私は目の当たりにした。大晦日には将軍たちがクーデターを起こしたが、その後ナイジェリア市民は、軍も政治家と同じように不正を行い、あまつさえ略奪した資産を市中に流通させることすらめったにしないことを知ったのだった。

そのため、一九九九年にナイジェリアで正式な民主制度が復活した際には、今後の軍の介入に対し民主制度はより大きな免疫力を備えてしまっていた。それ以来、汚職の抑制に向けた措置は足踏み状態であり、トランスペアレンシー・インターナショナルが毎年発表している腐敗ランキングにおいて、ナイジェリアはワースト二〜三位からワースト五位に上昇したのみである(33)。一九六〇年の独立以来、三千億ドル以上の石油収益を得ているにもかかわらず、ナイジェリアは一人当たりの所得と幸福度の両面で、世界で最貧国の一つであることに変わりはない。

二〇一四年、ナイジェリアで講義の準備をしていた時、私は、ナイジェリアがもしもガバナンスの面でランキングの最下位辺りではなく、隣国のガーナ（腐敗防止の点で世界各国のおよそ中位に位置する、真の民主主義国）と同程度のレベルにあったとしたら、どのような違いがあっただろうかと考えた。八人に一人が五歳までに死亡するナイジェリアの小児死亡率が、ガーナと同じ十四人に一人であったとしたら、どうだろうか。これによる小児死亡率の差は、一九六七年から一九七〇年に行われたナイジェリア内戦の死者数を百万人以上も上回ることになるのである。この死亡率の差は、すべて悪いガバナンスによるものである。[34]元国連人権高等弁務官のナヴィ・ピレイが二〇一三年に、「毎年汚職で失われる資金があれば、世界の飢餓人口を現在の八十倍以上養うことができる」と述べたのは、このためである。[35]貧困国では、クレプトクラシーが壮大なスケールで人を殺しているのである。

クレプトクラシーは明らかに、民主主義、法の支配、国家安全保障、社会正義、そして人間の幸福にとって最大の脅威である。しかし、幸運なことに、これは対処可能な脅威である。

クレプトクラシーからの回復——十段階のプログラム

道徳上の必要性を超えて、クレプトクラシーとの戦いを世界的な優先事項にしなければならない決定的な理由がある。世界の民主的プロセスを復活させるのに役立つからである。

広範囲に及ぶ汚職が民主的統治の正統性を脅かすのと同様に、汚職は専制国家をも蝕む。略奪的な政治腐敗は、権威主義的支配の弱点である。独裁者による自国からの略奪が白日の下にさらされ、国際的に告発されれば、彼らの支配に対する国内外の支持基盤は崩壊し始めるだろう。

クレプトクラシーと闘うために最も重要な条件は、政治的な意志である。クレプトクラシーは、単なる大規模な汚職ではない。国境を越えて盗まれた資金を移動させ、資金洗浄することである。クレプトクラシーが横行するのは、単に出身国の法制度や政治制度が腐敗しているからではない。世界の富裕な民主主義国における強力な利害関係者（アメリカ州政府は言うに及ばず、「銀行家、不動産ブローカー、会計士、弁護士、資産管理人、広報活動エージェントなど」）[36]が、腐敗に乗じて金儲けをしようとするからである。この共犯関係は、民主主義を衰退させ、危険にさらしている。

改革への道は、決してミステリアスなものではない。麻薬王、テロリスト、腐敗した政治家などの国際的な犯罪行為者が、①個人や匿名の企業、巧妙な弁護士を使って欧米の合法な銀行や企業に不正資金を預け、②「複数の銀行秘密管轄区域」や匿名のペーパーカンパニー、信託企業、合資会社を介して送金することによって出所を隠蔽しながら資金を積み上げ、③不動産などの資産を購入することで、不正な資金を合法的な経済活動に循環させることができるような抜け穴を塞がなければならない。たとえば、ウクライナの元首相がカリフォルニア州マリン郡に五百万ドルで住宅を購入したら、赤信号が点灯していると考えたほうがよい(37)。

十段階のプログラムにより、アメリカの法制度の抜け穴を塞ぎ、法執行メカニズムを強化し、クレプトクラシーとの国際的な戦いの機運を高めることができる。これらのステップはアメリカを念頭に置いて提案するものであるが、すべての自由民主主義国が支持すべき一般原則に基づくものである(これらの改革の多くは、「クレプトクラシー・イニシアティブ」の優れた活動から導き出されたものである)(38)。

1　匿名のペーパーカンパニー廃止　連邦法は、アメリカのすべての企業および信託企業の実際の所有者を開示し、登記簿に記載することを義務づけるべきであり、登記簿は少なくとも法執行機関が、そして理想的には(イギリスで行われているように)一般市民もアクセスできるようにすべきである。

所有者や代理人が実際の所有者を隠蔽する偽装行為に対しては、民事上または刑事上の重大な処罰が科されるべきである。さらにアメリカは、州に対しても、事業主に関する完全な透明性を義務づける同様の法律を採用するよう働きかけるべきである。

2　匿名での不動産購入の禁止　アメリカ政府は、国内での不動産購入に対し、真の所有者を明らかにすることを義務づけるべきである。このような取引に関わる不動産業者、弁護士、その他の専門家や企業は、購入者の実際の身元を確認するために真摯なデューデリジェンスを実施しなければならず、怠慢や故意の不履行には厳しい罰則が科せられるべきである。そして、連邦政府機関（とくに機密性の高い業務を行う機関）による所有者不明のオフィス賃借や、権威主義国政府や腐敗した政府とつながりのある所有者・企業からのオフィス賃借を、法律を制定して禁止すべきである。

3　外国代理人登録法の近代化と強化　現在、外国勢力に与する数多くのエージェントが、報告義務の少ないロビイストとして登録することが可能になっている。この抜け穴を塞ぐべきである。海外の利害関係者のために行われるあらゆるロビー・広報活動を報告する、統合的なシステムが必要である。この業界は近年爆発的に拡大しており、「推定千人ものアメリカのロビイストが外国勢力のために働いており」、「年間五億ドルの報酬を受け取っている」と言われているが[39]、法律違反で起訴された者はほとんどいない。アメリカ司法省には外国代理人登録法の執行スタッフがわずか八人しかいない[40]。司法省のスタッフ増員、調査権限強化、そして違反に対する民事・刑事上の罰則強化が求められる。

4　外国の個人や団体による政治献金の禁止と監視強化　アメリカでは、（永住者を除く）外国人による政治献金や選挙運動への献金は禁止されているが、これは連邦レベルで包括的に禁止されているにすぎず、外国の個人や団体に与するロビイストやエージェントによる献金を通じて外国からの献金が侵入している可能性がある。アメリカでは、あらゆるレベルの政府において、いかなる候補者や政治運動に対しても外国人による献金は禁止されるべきであり、外国のエージェントによるすべての政治献金は、十分な人員を配置した連邦政府機関が監視すべきである。世界中の他の民主主義国もまた、政党や選挙運動への外国からの資金提供を禁止すべきである。

5　元アメリカ政府職員や議員による、外国政府のためのロビー活動や代理行為の禁止　二〇一七年一月にホワイトハウス入りして間もなく、トランプ大統領は政治任用者による今後のロビー活動を制限し、外国政府や政党のためのロビー活動を生涯にわたって禁止する大統領令に署名した。[41] この終身禁止令は法律に盛り込まれるべきであり、引退した議員にも適用されるべきである。また司法省は、権威主義国政府とつながりのある外国企業、財団、組織をリスト化し、元アメリカ政府職員がこれらの団体を代表することを禁じるべきである。さらなる措置も必要かもしれない。元アメリカ政府職員や議員が、ロシア政府や中国共産党に事実上操られた企業で働くことを、われわれは望んでいない。

6　マネーロンダリング防止システムの近代化　アメリカの現行体制には、財務省の金融犯罪取締ネットワークが独自に調査を行うのではなく、内部告発に依存しているという重要な欠陥がある。その結果、マネーロンダリングに関する独立政府間組織である金融活動作業部会によれば、アメリカではマネーロンダリング業者が「有罪になるリスクは五％以下」であるという。[42] それゆえ、金融機関のみならず、マネーロンダリングの「後ろ盾」である弁護士、投資顧問会社、不動産業者などにも適用される、資金と人員を潤沢に投入した監視機関が必要である。さらにアメリカは、二〇一七年にイギリスで制定された画期的な法案に類する法律を策定すべきである。イギリスのこの法律では、自国の犯罪や公的資産とつながりのある外国人が、説明できないほど贅沢な購入（不動産や宝石など）をした場合、法執行機関がその資金の出所を調査できることになっている。資金の出所が汚職であると判明した場合や、個人の資産について説明できない場合は、その資産を差し押さえることができる。

7　アメリカなど法の支配に基づく国々での、大規模汚職とマネーロンダリングに対する監視・調査・起訴のための資源増強　これには、不正な資金や財産を特定してマネーロンダリングを追跡・阻止するための、さまざまな国家情報機関や法執行機関の間の協力体制強化が含まれるべきである。

8　クレプトクラシーとの戦いと「ゴールデン・ビザ」発給停止のための、民主主義国間協力の強化　ロシアのクレプトクラシーは、西側民主主義諸国にとって非常に深刻な共通の脅威である。西側民主主義諸国が情報を共有し、法律や戦略を改善・調和させ、容疑者の追跡、制裁、逮捕に関して協力するための合理的な場裏は、ＮＡＴＯであろう。ＮＡＴＯでの協力により、クレプトクラートが管轄間で富を行き来させて隠蔽するのを防ぐことができる。(43) アメリカは、クレプトクラシー対策活動を調整する新組織を国務省内に設置するなどして、法の執行が緩い国に注意を呼びかけ、法の抜け穴を塞ぐ支援をする必要がある。これらの規則を標準化するためにとくに優先して取り組むべきことは、海外の居住権や市民権を確保するための不正行為をなくすことである。アメリカ、イギリス、カナダ、オーストラリアなどの主要民主主義国では、富裕者が市民権を手に入れることがあまりにも容易く、EU諸国への入り口をクレプトクラートに提供するEUの小国では、なおさら簡単である[44]。

9　ロシアをはじめとする国々でのクレプトクラシーに関する市民の意識向上　ロシアをはじめとする腐敗の激しい国の市民は、誰が自分たちの富を奪い、ロンダリングし、贅沢に海外に投資しているのかを正確に知る権利がある。クレプトクラシー・イニシアティブは、「法の支配のもとで統治される国家」に返還されるまでの間、差し押さえられた資産を預けることができる「ロシア国民のための基金」設立を推奨している[45]。そのような基金を、世界の主要なクレプトクラシー国家すべてに向けて創設し、マネーロンダリングや資産差し押さえに関する既知のケースに関する詳細を公表してはどうだろうか。そして、アメリカをはじめとする先進民主主義国でロンダリングされた巨額な政府の汚職資金を暴露するあらゆる内部告発者に対して、迅速な亡命措置と金銭的な報奨を提供してはどうだろうか。

10　世界中で汚職の監視・抑制のために活動する調査報道機関、NGO、公的機関に対する国際支援の拡大　クレプトクラシーに対する最善の防衛線は、通常、クレプトクラシーが発生した国の中にある。少数の大胆な内部告発者に報酬を与えるだけでは不十分である。われわれは、世界で法の支配を守ろうと最前線に立つ擁護者を支援するために、もっと多くのことをする必要がある。勇気のあるジャーナリストたちは、大きな危険を冒して、問題を抱えた自分たちの国で大規模な腐敗を暴き、政府の説明責任を高めるために活動している。トランスペアレンシー・インターナショナルの現地支部などのＮＧＯは、監視と報道の抜け穴を塞ぎ、効果的な情報公開法を制定し、汚職防止機関に対し多くの権限、資源、裁量を与えるべくロビー活動を行っている。腐敗した低水準の民主主義国の多くでは、献身的な公務員や一部の政治任用者が、自国に蔓延する汚職と闘うために国内の制度を強化しようと努力している。勇敢な汚職防止活動家を拘束や襲撃から守るため、こうした取り組みには、われわれの資金的・技術的サポートと外交的支援が必要である。民主主義を推進する財団や民間の慈善団体からの支援が必要なグローバルな活動の例として、パナマ文書の報道を行った国際調査報道ジャーナリスト連合の活動が挙げられる。同連合は現在、約八十カ国から二二〇人以上の調査ジャーナリストと百以上の報道機関が集まり、綿密な調査報道を共同で行っている。(46)

これらの十のステップは、世界のクレプトクラシーを本格的に攻撃するための、野心的だが実現可能な課題である。将来的には遠く離れているもう一つの目標にも手が届くかもしれない。アメリカ地方裁判所裁判官のマーク・ウルフは、国際刑事裁判所と同様の役割を担う国際腐敗防止裁判所の設立を提案している。各国の司法制度が大規模な腐敗を捜査・起訴する能力がある場合には、その活動を継続すればよい。しかし、司法制度が脆弱であったり、政治化していたり、腐敗していたりして行動することができない国では、この新しい裁判所が介入する余地がある。この裁判所は、世界的な汚職を罰するにとどまらず、ひとたび腐敗した国に透明性の高い政府が設置されれば、その国を腐敗以前の状態に戻す一助になるかもしれない。現在のところ、この構想は先見の明のある国際的な法律家の目にしかとまっていない。しかし、多くの革新は大胆に始まるものである。ネルソン・マンデラの言葉を引用して、ウルフ判事は、「何事も成し遂げるまでは不可能に思えるものだ」と述べている(47)。

専制支配者の共犯者

権威主義の共犯者であるクレプトクラシーを抑制しない限り、世界的な権威主義の高まりを覆すことはできない。民主主義の破壊、市民的自由の抑圧、公的財産の略奪、そして略奪品の国際的なロンダリングが複雑に絡み合い、自由と法の支配を葬ることが増えている。欧米の自由民主主義国は現在、世界経済の半分以下のシェアしか占めていないが(48)、不正に得られた富が主に向かう金融的・文化的場所であることに変わりはない。このことは、これらの民主主義国が大きな影響力を持っていることを示している。民主主義国は、それを活用すべきである。

これは生存に関わる問題であり、単なる道徳上の問題ではない。クレプトクラシーは、われわれの民主主義の生存維持に不可欠な器官である規範や法の支配、選挙プロセスを蝕む癌である。自由を守るためには、反撃が不可欠である。

第11章

自由のための外交政策

自由とは、幸運な小数の人々だけの特権ではなく、すべての人間にとって不可侵で普遍的な権利であるという信念を、確固たるものにしなければならない。私が提案する目的は、非常にシンプルである。民主主義の基盤、自由な報道機関、組合、政党、大学などのシステムを育成し、人々が自らの道を選び、自らの文化を発展させ、平和的な手段で自らの違いを調和できるようにすることである。

――ロナルド・レーガン、イギリス議会での演説（一九八二年六月八日）

世界の専制国家から吹く蝕まれた風への対策として、最も疑う余地がないのは、逆方向に吹く自由の風を助けることである。欧米民主主義国が世界中の民主主義国と共に立ち上がらない限り、自らを救うことはできない。

このことは、いくつかの理由からかつてないほど妥当性を持っている。われわれは、モデル、トレンド、アイディアが国境を越えて連鎖するグローバル化した世界に生きている。どのような変化の風もすぐに集まり、強風となって吹き付けることがある。世界中の人々が、他の場所で起こっていることを見て、統治方法、もしくは単にどのような政府形態や権力の源泉が魅力的であるかについて、アイディアを形成している。現在われわれは、思想、情報、規範をめぐる熾烈で世界的な競争の中に身を置いている。このデジタル時代において、その競争は光速で進行しており、自分たちの政治システムや世界の運営方法に関する考え方を形成している。民主主義への疑念や脅威が欧米で高まっており、これは民主主義国にとって負けられない戦いとなっている。

貿易と情報の流れを伴うグローバリゼーションは、別の意味でもわれわれのリスクを高めている。権威主義的な体制や統治能力の低い国は、民主主義における国民主権と法の支配に対して、直接の脅威をもたらすことが多くなっている。カネと影響力の密かな流入が、民主主義のプロセスと制度を破壊し、腐敗させているのである。アメリカなど民主主義国の人々が、世界における自由の将来に何の危険もないかのように装っても、それらの流入がとどまることはない。われわれが民主主義国における自治、透明性、説明責任の基本原則を守りたいのであれば、これらの原則を世界的に促進するしかない。

独裁は悪であり、民主主義は欠陥があってもまだましだと語るだけでは十分ではない。よりましな悪に対する民衆の熱狂は、いつまでも続くものではない。人々は前向きなビジョンの刺激を必要としている。民主主義は、人間の価値や共通善を推進させる公正で公平な政治システムであるということを示さなければならない。

自国をより完璧なものにするためには、既存の民主主義国は、自国民をより全面的に取り込み、彼らに力を与えるような改革を採用しなければならないのみならず、他国で民主的価値を実現しようと奮闘している人々、団体、機関を支援すべきである。ロシアの怒りと中国の野心に対抗する最善の方法は、ロシアと中国が歴史の間違った側にいることを示すことである。それはつまり、世界中の人々が自由になることを切望しているということを示すことであり、彼らがより公正で、持続可能で、豊かな社会を実現するために自由を機能させることができることを示すことである。

ネットワーク化された現代では、理想主義およびグローバルなパワーと安全保障上の必要性から、民主主義の衰退ではなく強化が求められる。まず、低所得国のガバナンスの質に関心を持たなければ、問題を抱え破綻する国がますます増加するだろう。飢饉と大量虐殺は、民主主義ではなく権威主義国家で見られる不幸である。国家の崩壊は、僭主政治に見られる究極の苦い結末である。シリア、リビア、アフガニスタンのような国々が内戦状態に陥ったとき、無慈悲で腐敗した強権的政治家による支配のために、アフリカの貧困国が雇用を生み出したり市民生活を向上させたりすることができなくなるとき、そして中米の社会が残忍なギャングや収奪的な支配者によって人質にされるとき、人々は逃げ出し、民主主義国の国境に流れ着く。ヨーロッパやアメリカは、問題を抱えた国々において、より良く、より安定し、そして説明責任のある政府の支援に取り組まない限り、増加する移民の圧力に耐えることはできない。腐敗した国家を遮断し、どこか他の惑星にいるかのように振る舞うには、世界はあまりにも小さく、あまりにも平らで、あまりにも速く成長している。

現実的な安全保障上の利益が危機に瀕している。トランプ政権の二〇一七年国家安全保障戦略さえも明らかにしているように、アメリカの安全保障に対する主な脅威は、ロシア、中国、イラン、北朝鮮といった僭主政治の形を取ったり、イスラム国のような反民主主義的なテロリスト運動の形を取ったりしているが、すべて権威主義に起因している。(1) 世界中で民主主義の発展を支援することで、こうした権威主義的敵対者が求める地政学的な逃げ場を奪うことができる。ロシア、中国、イランが民主主義を弱体化させて自分たちの意のままに従わせようとしているように、われわれもまた他国を支援し、独裁者の悪意に耐えうる効果的で回復力のある民主主義の構築を助けることで、専制支配者の野望を封じ込めることができる。

もちろん、民主的に選ばれ、開かれた社会を持つ政府は、あらゆる問題についてアメリカの方針を支持するわけではない。しかし、自国の将来を他国に担保したいと思っている自由な国はない。アメリカの国益を最も確実に守るのは、自由な国による多元的な世界――独裁国が資源、同盟、そして領土を奪うために腐敗や強制力を用いることができない世界――であろう。

アメリカとその同盟国に脅威を与えてきたのは何者であったのか。歴史を振り返ってみると、それはつねに権威主義体制や帝国であった。政治学者が長い間指摘してきたように、どの二つの民主主義国の組み合わせも、互いに戦争をしたことはこれまで一度もない。世界中で国際テロを支援したり、大量破壊兵器を拡散させたり、隣国の領土を脅かしたりしているのは、民主主義ではない。

これらの理由から、自由のための新たなグローバルキャンペーンが必要である。本書で私が提案していることは、すべてこのキャンペーンにおいて何かしらの役割を果たすものであるが、本章ではより限定的に、二一世紀の世界で民主主義、人権、そして法の支配を直接的に前進させる方法に焦点を当てる。

どのような政策分野でもそうであるが、課題の多くはやや技術的なものであり、プログラムや制度のスマートな設計と注意深い管理が必要である。このような運用上の議論は別の場で行うこととし、ここでは、四つの必須原則について、より基本的な説明をすることとする。第一に、われわれは世界中の民主派——自由で説明責任のある政府を作り、発展させようと奮闘する人々や組織——を支援しなければならない。第二に、民主主義の発展に苦悩する国を支援し、彼らの経済成長や制度強化を支えなければならない。第三に、市民の権利侵害や資源の窃盗をやめるよう、権威主義体制に圧力をかけなければならない。これには、制裁措置を課して独裁者が別の選択肢について真剣に考えるよう促し、支持者や一般の人々から引き離すことも手段として含まれる。そして最後に、情報と偽情報が目まぐるしく駆け巡る今日の時代にあわせて、広報外交（すなわち情報とアイディアのグローバルなネットワーク）を再構築する必要がある。利益と価値のために、民主主義、人権、法の支配に高い優先順位を置く外交政策が必要である。

自分のことを気にかける

もちろん、誰もが同意するわけではない。多くの批評家や懐疑論者は、このアプローチを愚か、傲慢、あるいは見当違いと見なしている。民主主義を強化する必要性がますます切迫しているにもかかわらず、こうした反論は過去十年間で強まっている。ただし、これらの批判者の多くは賢く、信念を持っており、彼らの批判には応答することが望ましい。

おそらく最も一般的な批判は、他人がどのように政府を運営しようとわれわれには関係のないことであり、他人の問題に対して傲慢に口を出すべきではない、というものであろう(2)。だが私は、民主主義を支援することはわれわれにとって非常に重要なことであり、実際、それはアメリカにとって切実な国益であると主張する。

だからといって、「われわれの」民主主義モデル（あるいは特定のモデル）を押し付けるべきではない。また、民主主義の推進に傲慢な態度が必要なわけでもない。権威主義国での数えきれないほどの講演や、ナイジェリアからネパールまで民主活動家とともに行ってきた活動を通じて、私は、オープンであることと謙虚でいることには高い価値があると感じている。民主主義を推進するプログラムや講演者が、アメリカの民主主義の欠点を率直に反映し、バランスのとれた視点でアメリカを紹介すれば、多くの疑念や批判を回避することができる。率直さと自信を持つことで、われわれは皆、より良く、より自由で、より説明責任のある政府を目指す旅の途上にいるということ、そして、古い民主主義国も若い民主主義国も、協力関係から得られるものがあるということを示すことができる。そして何よりも、真の民主主義国においては、国を代表する立場で発言や仕事をしている人でさえも、批判的であることをいとわず、自由であると示すことができる。

第二の批判は、民主主義や人権といった「西洋」の価値観を非西洋社会に押し付けるべきではないというものである。このような文化相対主義には、より根深い傲慢さがあると私は考えている。この議論は、西洋の人々にとって自由はかけがえのないものであるが、他の文化圏の人々にとっては必要ではないと言っている。あるいは、他の文化圏の人々は、西洋人と同じような生来の権利を持っていないと暗に主張している。しかし第二次世界大戦後、多くの国際条約や宣言により、市民的・政治的権利は普遍的人権として成文化されてきた。この批判はまた、他の多くの文化圏でも自治や人間の尊厳に関する豊かで、適切で、共鳴するような知的伝統があるにもかかわらず、西欧の啓蒙主義にしか個人の権利、政治的説明責任、小さな政府といった自由民主主義的価値のルーツがないと示唆している。(3) そして最後に、これまで見てきたように、このような議論は、民主的で説明責任のある政府を求める声が、文化を超えて広く強く共有されていることを示す世論調査結果と一致しない。

第三の批判は、われわれは「アメリカ第一主義」を貫くべきであり、たとえそれがエジプトの独裁者アブドルファッターフ・アッ＝シーシーのような腐敗したいかがわしい人物であっても、必要な時はいつでも権威主義的な同盟国を支援すべきであると論じるものだ。民主主義を拡大するための真摯な戦略はどれも、民主的な支配者とだけ関わるべきだと主張しているのではない。明らかに、サウジアラビアが明日にも民主主義国になるわけではないし、欧米の利益のためには、多くの権威主義国との間で、友好的ではないにしても協力的な関係が必要である。しかし、二百万人以上の人々を避難させ、八百万人に対する緊急食糧支援を必要とさせたサウジアラビアによるイエメンでの無慈悲な軍事作戦や、サウジアラビア政権によるジャマル・カショギの衝撃的な殺害のような人権侵害を、無視したり、容認したり、ましてや支援したりする必要はない(4)。

ワシントンに友好的な専制支配者を相手にする場合でも、人権問題を提起し、自由と説明責任を求める人々を支援し、政治改革を促すことはできるし、そうすべきである。ニカラグアの強権的政治家であるアナスタシオ・ソモサについて、フランクリン・ルーズヴェルト大統領が言ったとされる、「彼はろくでなしかもしれないが、われわれが生んだろくでなしだ」という言葉は、国益を確保する上で有効である。結局、ソモサは反米革命に倒れた。アメリカの支援を受けたイランの国王もそうだった。コンゴ、ハイチ、ソマリアにおいては、腐敗した親米独裁政権が崩壊し、混乱が生じた。このような政権を無批判に支持し、持ちこたえてくれると思い込んでいると、多くの場合、現地の人々にとってもわれわれにとっても、悪い結果を招くことになる。コンドリーザ・ライス国務長官は二〇〇五年のカイロでの演説で、このことへの理解を示している。彼女は、「わが国アメリカは六十年間、この地域、すなわち中東において民主主義を犠牲にして安定を追求してきたが、そのどちらも達成できなかった」と述べている(5)。

ジョージ・W・ブッシュ政権の話になると、第四の批判が噴出する。待て、あなたはイラクにおけるような民主主義の促進のことを言っているのか、と。しかし、失敗する運命にあった二〇〇三年の無策の戦争によって、民主主義を推進するプロジェクトの信用を失墜させてはならない。民主的変革を促進する目的で戦争をすべきではないし、主権国家を侵略するという愚かな決定を正当化するために民主主義の大義を持ち出すべきでもない。（二〇〇三年に私がしたように）イラク侵攻の決定に反対しながら、世界中で民主主義を築くための平和的な努力を支援すべきだと信じることはできるし、そのことは（二〇〇四年に私がアメリカの顧問としてサダム・フセイン政権後のイラクでやろうとしたように）イラクについても同様である。結局のところ、民主主義を支援することは、武力を行使することでもなければ、自分たちの意志や価値観を押し付けることでもない。むしろ、民主的変革の平和的プロセスと、それを実現しようとする人々に長期的に賭けることなのである。

第五の批判は、国が発展して豊かになれば、民主主義は自ずと実現するというものである。このような批判をする人は、「民主主義の促進は忘れろ。経済発展、公衆衛生、教育を支援するだけで、後から政治的な変化はついてくる」と言う。

しかし、権威主義的な支配のほうが民主主義よりも確実に経済発展に結びつく証拠はない。アフリカでは、一九九〇年代半ば以降、全般的に経済成長が著しいのは民主主義国であるのに対し、開発の失敗はすべて権威主義国で起きている[6]。経済成長に必要ではなく、おそらくそれを阻害する腐敗した専制政治を、何十年にもわたって人々に強いる必要があるのだろうか。

第六に、ドナルド・トランプのような右派とバーニー・サンダースのような左派の両方から、表向きは予算を意識した批判をよく耳にする。他国の問題に頭を悩ませるよりもアメリカ国内での窮状に頭を悩ませるべきだ、他国を助けるために莫大な金額を援助し続ける余裕はない、といったものだ。

実際には、民主主義には投資するだけの価値がある。連邦予算の何％が対外援助に使われていると思うかとアメリカ人に訊ねると、平均的な回答は約三十％であったという(7)。全く的外れである。年間九十億ドルの安全保障支援を含んでも、対外援助はすべての形態をあわせて、年間連邦予算のわずか一％を占めるにすぎない。多めに見積もってもアメリカの開発援助は年間約三百億ドルであり、民主主義とガバナンスへの支援はそのうちのわずか八％程度（二〇一八年では約二三億ドル）にすぎない(8)。アメリカの国際放送を支援したり権威主義国の影響力工作に対抗したりするためのパブリック・ディプロマシー活動を加えても、世界中で民主主義、自由、説明責任を推進するために費やす金額は、連邦予算の〇・一％にも満たない。

最後に、海外の民主派を支援するのはリスクが高すぎるという意見や、支援しても効果がないという警告もある。しかし、ポルトガルから南アフリカ、そしてチリに至るまで、専制政治から脱却しようとしている国々では、民主主義が優勢になる上で国際的な支援が幾度となく役に立ってきた。

今日、多くの民主主義国が衰退し、あるいは権威主義的な支配に後退する危険性がある。しかし、フィリピン、チュニジア、ウクライナが専制政治に逆戻りした場合、それら各国で人々の生活は向上し、アメリカがより安全になると考える人はいるだろうか。そして、ベネズエラやジンバブエのような絶望的に崩壊しつつある専制主義国の生活が、民主主義のもとで悪化することがあるだろうか。

民主主義の試みが成功する保証はない。しかし、エジプトやリビアの人々に自由を要求するなと言ったり、イランやロシアの人々に不正な選挙に抗議するなと言ったり、カンボジアやベネズエラの人々に野党指導者の逮捕に反対する集会をするなと言ったりするのは、アメリカの伝統に反することである。自由を切望する人々に待つように言うのは、アメリカの役割ではない。そして、彼らを突き放すことは、アメリカらしさと一致しない。

ビルマの民主派を支援する

私は四十年以上にわたって世界中を旅して、何が民主主義を機能させるのかを理解しようとしてきたが、以下の結論より強力なものにはたどり着かなかった。その結論とは、民主主義は抽象的な経済力や歴史的な力によってではなく、人々によって築かれるというものである。自由のために危険を冒して犠牲を払い、民主主義のために奮闘し、汚職と闘い、人権侵害に抵抗し、草の根組織を構築し、仲間の市民を教育し、われわれが当たり前のように享受している自由を推進している人々がいるところでは、彼らを支援する必要がある。

研究、教育、そして旅をする中で、自国の自由とグッド・ガバナンスのために活動する何千人もの活動家、知識人、政治家に会ってきた。彼らは私にインスピレーションを与え、私を集中させ、本書の執筆に駆り立てた。

ビルマで「八八革命」を目撃した時、ジンマーアウンは十二歳だった。(9) 四半世紀に及ぶ軍事独裁政権に対する一九八八年の蜂起は、ヤンゴン(旧ラングーン)の大学生による抗議行動に始まり、瞬く間にあらゆる階層の何十万人もの人々を動員した。ジンマーは、学生たちが自分の家の前をデモ行進するのを見て、彼らに食料と水を届けようと心を動かされた。抗議行動は大学から高校へと広がり、彼女は、民主主義とは何か、人権とは何か、なぜこのような若者たち(その中には、学校の先生である彼女の父親の元生徒もいた)が抗議活動をしているのか、といったことを必死に理解しようとした。そして九月十八日、軍は秩序を回復すべく、血なまぐさいクーデターを起こした。ジンマーは、ヤンゴンの通りで兵士が仲間の市民を射殺するのを目の当たりにし、家宅捜索を恐れた父親が自由を求めて当局を批判した発言を隠そうと必死になっているのを見た。

一九九〇年五月、ビルマ国軍は憲法制定のための議会選挙を実施した。まだ十四歳にもなっていないジンマーは、反体制派のアウンサンスーチーと、彼女が率いる国民民主連盟(NLD)の積極的な支持者となった。選挙ではNLDが地滑り的な勝利を収めたが、軍は政権を譲るどころか、結果を認めようとしなかった。国営ラジオやテレビでは政府発表しか流れてこないため、多くのビルマ人同様、彼女も英国放送協会(BBC)や「ボイス・オブ・アメリカ」を通じて、真実を伝えるニュースを入手した。

数年後、彼女が最も強力な民主主義の授業を受けたのは、毎週末、ヤンゴンのアウンサンスーチー邸の外だった。アウンサンスーチー(通称「レディ」)が家から出てきて支持者に会い、質問に答えるのである。そこでジンマーは、チェコの反体制活動家ヴァーツラフ・ハヴェルのことや、民主主義を求める他の闘争について、そしてなぜ市民の参加が良い社会に不可欠なのかについて学んだ。彼女は大学で、学生の地下活動を兼ねた詩のクラブに参加した。彼女と友人たちは、英語を学ぶためにアメリカンセンター（アメリカの外交機関が主催する文化センター兼図書館）やブリティッシュ・カウンシル（イギリスの同様の組織）に通い始めた。アメリカンセンターでは、リンカーンやマーティン・ルーサー・キング・ジュニアなどの指導者について知り、民主主義や公民権を確保するためのアメリカの苦闘について語り合った。

八八年の民主化運動から十周年を迎えた一九九八年、ジンマーは、一九九〇年の選挙結果を認めるよう軍に求める詩を抗議集会で朗読した後に逮捕された。他にも何百人もの人々が新たな弾圧の波に巻き込まれた。裁判もないまま、ジンマーは二八年の懲役刑を言い渡された。

その後、ジンマーは刑務所で十一年を過ごし、そのうち九年は独房で過ごした。生き延びるために自分自身を奮い立たせた。音楽が好きで、ビルマ政治にまつわる革命の歌を歌うことで精神を保った。二〇〇七年には、政権は政治犯の釈放を開始した。しかし、政治に関与しないという誓約書に署名することを拒否したため、彼女はさらに二年間の人生を犠牲にした。

最終的にジンマーは二〇〇九年に釈放された。まもなく、彼女は市民教育、民族的寛容さの促進、元政治犯（とくに女性）の支援などを目的とした団体を設立した。他の元活動家や政治犯とつながりを持ち、その中にはアメリカンセンターで再会した人たちもいた。彼らは、この運動がなぜ行き詰まったのかについて話し始め、より深い戦略が必要であることに気づいた。ビルマの民主化には長い時間がかかる。彼らは、民主主義はアジアの文化とは相容れないという、国軍がビルマの人々に二世代にわたって叩き込んだ考えと戦わなければならなかった。そのためには、積極的で情報を持った市民を形成する必要があった。

二〇一一年九月、新しい世代のビルマ市民に対して民主主義に関する教育を行うべく、ジンマーは、他の元政治犯とともにヤンゴン政治学校（Yangon School of Political Science）を設立した。半世紀に及ぶ軍事独裁主義は、ビルマを知的に不毛な地にしていた。ヤンゴン政治学校はそのギャップを埋めるために急速に動き出した。そこで教え、（この本も含まれることになる）図書館の蔵書構築を手伝うことができたことは、私にとって名誉なことだった。二〇一二年、ジンマーアウンはアメリカ国務省から「国際勇気ある女性賞（International Woman of Courage Award）」を受賞し、さらに最高に栄誉なことに、二〇一五年にはＮＬＤのメンバーとして国会議員に選出された。現在、彼女は市民の関心事を代弁し、国軍支配を押し戻し、民主主義を促進するべく、体制内外で活動している。

ジンマーの人生は、民主的変革に関わる国際的側面について重要な教訓を示している。当初、彼女は民主主義的価値、制度、闘争に関してアメリカとイギリスの資料からインスピレーションを得ていた。その後、これら二カ国は、読書と議論が安全にできる場を提供した。アメリカをはじめとする他の西側民主主義諸国（および世界銀行）による継続的な経済的・外交的制裁により、ビルマの政権はさらに孤立し、ストレスを抱えることになった。国軍の主要幹部は、ミャンマー（現在の正式名称）

が他国と経済的・政治的パートナーシップを結ばなければ、中国の属国になってしまうのではないかと危惧するようになった。これを受けて国軍は、二〇〇八年には憲法改正に乗り出した。

翌年ジンマーは釈放され、アウンサンスーチーも二〇一〇年末に長年の自宅軟禁から釈放された。二〇一二年には、彼女の政党は補欠選挙で四四議席中四三議席を獲得し、議会に進出した。自由化への移行が進むなか、アメリカのデレク・ミッチェル新大使は、民主的改革の推進をアメリカ外交の中心に据えた。ジンマーとヤンゴン政治学校は、市民活動への国際的な支援を得た。新任議員は、アメリカの（現在ミッチェルが会長を務める）全米民主国際研究所（ＮＤＩ）から幅広い研修を受け、スキルと自信を高めていった。活動家として強力な実績を持ちながらも初歩的な教育しか受けていない民主派議員には、フェイスブックアカウントの開設方法やインターネットでの調査方法、英語力向上など、基本的なトレーニングの提供も行われた。

現在、ビルマは移行に行き詰まっている。国内で最も強力な政治勢力は依然として国軍であり、アウンサンスーチーのリーダーシップは、国内のイスラム系少数民族への攻撃に関する彼女の冷淡さ（あるいはそれより酷いもの）によって損なわれている。ビルマの民主派は、代表機関、政党、独立市民団体、メディア、シンクタンクなどの民主的基盤を構築するために、アメリカやヨーロッパからの資金援助を必要としている。そして欧米は国軍に対し、現在進行中の弾圧をやめさせ、真に民主的な改革を認めるよう圧力をかける必要がある。ジンマーの話には勇気づけられるが、彼女の国の将来は不透明である。

世界中の民主派を支援する

アメリカが世界で行っている最も崇高で費用対効果の高い活動の一つは、ジンマーアウンのような人々を支援することである。このような支援の一部は、全米民主主義基金（NED、アメリカ議会が主に出資を行う民間の非営利財団）や、オープン・ソサエティ財団、フリーダムハウス、フォード財団などの民間団体からの助成金によるものである。[10] これらの団体は（国務省やアメリカ国際開発庁（USAID）とともに）、民主主義に関する教育、人権保護、選挙監視、女性のエンパワーメント、汚職対策、報道の自由の拡大など、さまざまな活動を支援している。NEDの二大政党機関であるNDIと共和党国際研究所は、民主的な政党、立法府、地方政府の強化、不正投票の撲滅、政府の透明性向上、偽情報の排除などを目的として、世界中で活動している。

アメリカは民主化支援の最大の出資国であるが、支援を行っているのはアメリカだけではない。EU、ヨーロッパ各国（とくにドイツとスカンジナビア諸国）、カナダ、オーストラリアもまた重要な支援をしている。台湾のようないくつかの新興民主主義国も同様である。

人々は自分の自由を自分で確保しなければならないが、このような民主化支援は大きな影響を与えることができる。民主的な政党、労働組合、市民教育、選挙監視に対する国際的な支援は、一九八〇年代から九〇年代にかけて、フィリピン、ポーランド、ニカラグア、チリ、ザンビア、南アフリカなど、多くの国で民主主義への移行に貢献した。二〇〇〇年代初頭にはセルビア、ジョージア、ウクライナで、二〇一五年にはガンビアで、選挙を通じた民主主義への移行を促した。

　ウラジーミル・プーチンのような専制支配者は、NEDのような組織が「体制変動」を企てていると非難する。しかしこれは間違っている。たしかにこれらの組織は、自国の自由、開放性、説明責任を求める、賢くて勇気に満ちた市民に投資している。しかし、これらの独立した市民や団体は、自分たちで自らの道を切り開いているのである。[11] 開かれた統治への移行が起こった場合、国際支援は、これらの市民や団体による持続可能な民主主義の文化・制度構築を支援する。ビルマ、ネパール、リベリア、シエラレオネなど、抑圧と紛争に深く傷つけられてきた歴史を持つ貧しい国々では、このような国際支援によって市民社会が機能し、代議制が基盤を得て、民主主義にチャンスを与えることができるのである。

　近年、民主化支援活動では、汚職や人権侵害への対策に重点を置いたものが増えている。ラテンアメリカでは、ブラジルのいわゆる「ラヴァ・ジャット（洗車）」と呼ばれる汚職事件で大統領が失脚し、他の十数カ国の議員も関与していた。NEDが支援するプロジェクトでは、調査報道のためのジャーナリスト訓練、汚職事件の監視とマネーロンダリングの追跡、そして公務員、法曹関係者、ジャーナリスト、市民社会リーダーを招集した改革議論などが行われている。

　腐敗や権力の濫用と戦うには、強力で独立したメディアが必要である。二〇一七年二月、ワシントン・ポスト紙が「民主主義は暗闇の中で死ぬ」という新しい標語を採用したが、「独裁政治は日光で衰える」と言うこともできたかもしれない。すべての独裁者は、自由なメディアを支配し、腐敗させ、閉鎖させようとするが、それには相応の理由がある。権力の濫用に関する偽りのない厳密な報道ほど、権力の集中を脅かすものはないのである。民主主義への移行には共通点がある。それは、国営メディアが触れようとしないようなニュースを報道し、批判の声を上げる独立したジャーナリストの存在である。ソビエト時代に手から手へと伝えられた地下出版物の「サミズダート」、無慈悲なスロボダン・ミロシェヴィッチによる無意味な戦争や暴力的な抑圧を精力的に報道したセルビアのラジオ局B92、そして真実の報道のための新空間を切り開いたマレーシアのオンラインニュース紙「マレーシアキニ」など、独立系メディアは国家プロパガンダの嘘を暴き、その買収されやすさ、傲慢さ、無能さを明るみに出す。そのため、現在ではNED助成金のかなりの割合が、オンラインメディアや代替メディア、独立したソーシャルメディアコンテンツ、専門的な基準に関するトレーニング、専制国家で活動するメディアやNGOのためのデジタル・セキュリティ強化、そして権威主義者のプロパガンダを暴露するためのローカルな取り組みを支援するために使われている。今日のロシアのような冷酷な体制のもとでも、NEDの助成金は、国営メディアが規制したり歪曲したりするニュースを勇敢なジャーナリストが報道する上で役立っている。(12)

「マカ・アンゴラ」は、二〇〇八年以降ラファエル・マルケス・デ・モライス創設者兼編集長が運営する、調査報道と民主主義擁護のためのウェブサイトであり、NEDのアフリカでの代表的な被助成団体の一つである。(13) 過去二十年にわたり、マルケスの報道は、アンゴラの膨大な石油・ダイヤモンド資源を略奪した政権と人権侵害の横行との関連性や、多国籍石油企業による環境破壊を暴露してきた。彼は、刑事司法における衝撃的な虐待についても報道しており、その中には、酒に酔って他人のミニバンで寝てしまった男性が「予防的拘留」を受け、すでに八年目になるといった報道も含まれる。マルケスは、理不尽な悪政に対する唯一の解決策として、透明性と法の支配を熱く訴えている。[14]

卓越したジャーナリストとして数々の賞を受賞してきたマルケスは、自由のための闘いにおいて、毅然とした報道と果敢な積極的行動がいかに密接に結びついているかを示している。その道を歩むには大きな勇気が必要である。マルケスは一九九九年、「独裁者の口紅」と題する記事を掲載し、アンゴラの強権的政治家であるジョゼ・エドゥアルド・ドス・サントス大統領を大胆にも独裁者と呼び、「国の破壊」を行った彼の責任を真っ向から追及したことで、名誉毀損の罪で逮捕・起訴された。[15] 首都ルアンダの最凶刑務所であるヴィアナ刑務所に送り込まれたマルケスは、囚人仲間の信頼を勝ち取り、食料を持ってきてくれる親族がいないために飢える囚人たちがいる独房の存在など、残虐な国家犯罪を暴いた。この状況への不満を訴えると、彼は十一日間独房生活を強いられ、ゴキブリに囲まれながらセメントの床で寝ることになった。

三つのことがマルケスを救った。不屈の意志、頭の鋭さ、そして外部からの強力な支援である。ジャーナリスト保護委員会は、彼の事例を粘り強く公表した。オープン・ソサエティ財団（マルケスは同財団のアンゴラプログラムを管理していた）は彼を擁護した。アンゴラのカトリック司教たちはこの時初めて、政治的迫害の被害者を支持した。四十日後、アメリカ国連大使リチャード・ホルブルックがアンゴラを訪問した際に、獄中のマルケスと面会する意思を明らかにしたことで、マルケスは釈放された。マルケスはその後、ドス・サントス大統領の名誉を「傷つけた」罪で起訴されたが、罰金と執行猶予付き判決で釈放された。

マルケスはとまらなかった。仲間からもらった刑務所の記録をもとに、農場で囚人を奴隷労働者として使っていた看守など、他の刑務所での虐待も暴露した。石油資源の豊富なカビンダ州政府によるぞんざいな浪費についても明らかにした。それは、国民の多くが極度の貧困に陥っているにもかかわらず、一年で二四〇万ドルもの金額をクリスマスプレゼントに使っているというものだった。アンゴラ政府の取り巻き企業が、ダイヤモンド採掘の邪魔をする者に対して残酷な人権侵害を行っていることも記録した。マルケスは二〇一一年、ダイヤモンド鉱山周辺の村人に対する広範な拷問や殺人を記録した本を出版し[16]、人道に対する罪で七人のアンゴラ陸軍大将を告発した。彼らはマルケスを名誉毀損で訴え、一六〇〇万ドルの罰金と九年の懲役を科すと脅した。彼は肩をすくめて言った。「私は刑務所に行くのを恐れていない。刑務所の中で人権活動を行うチャンスになるからだ」、と[17]。二〇一八年七月、地方裁判所は、マルケスと共犯容疑を掛けられたもう一人のジャーナリストの名誉毀損容疑に関して無罪を言い渡した[18]。

民主主義国を助け、専制に圧力をかける

民主主が生き残るためには、成果を上げなければならない。人々は民主主義が始まった瞬間に奇跡が起こることを期待しているわけではないが、新しいシステムが少なくとも徐々に経済を改善し、汚

職を減らすことを期待している。民主主義は危機の中で生まれることが多いため、民衆による統治を進めるための戦略は、厳しい状況下で新しく脆弱な共和制を支援するものでなければならない。第二次世界大戦後のマーシャル・プランや冷戦終結後のＥＵ拡大のような国際援助における最大の成功例は、新興民主主義国の支援という大規模かつ大胆な賭けを行い、西欧、そして（二世代後の）東欧に革新的なレベルの援助と投資を行った。

現在、われわれは再び、戦略上重要で問題を抱えた場所にある民主主義を支援するための、大胆な投資を必要としている。ウクライナを考えてみよう。二〇一四年、ロシアの権威主義的な仲間であるヴィクトル・ヤヌーコヴィチが民衆の抗議によって権力の座を追われると、クレムリンは民主主義に対して戦争を仕掛け、ウクライナ領の一部であるクリミアを占領し、東部地域を攻撃し、経済を圧迫しようとした。

ウクライナほど、民主主義にとって戦略的に重要な国は考えにくい。ウクライナはロシアとＥＵの間に位置する最大の独立国であり、ロシアの三分の一近い人口を抱えている。しかし、慢性的に腐敗しているウクライナの政治システムに単に資金を投入するだけでは、民主主義にとって有望な賭けとは言いがたい。愛の鞭が必要である。選挙で選ばれたペトロ・ポロシェンコ大統領が率いるウクライナ政府が、外国からの援助を有効に活用し、クレムリンの妨害行為からウクライナを救うために困難な改革を実施する場合に限り、ウクライナに多額の投資をするべきである(19)。

ウクライナは典型的な「揺れる国家」である。同国は、史上初めて真の民主主義と法の支配に向けて前進することもできるし、あるいは、腐敗したオリガルヒに寄生されたまま、拡大主義のクレムリンに取り込まれてしまう可能性もある。ウクライナの民主派を支援するには、慎重に調整した支援が必要である。改革に向けた国民の圧力を築くために、ウクライナの市民社会は欧米からの資金的・技術的支援を必要としている[20]。また、ロシアの軍事侵略に対抗するために、防衛用軍事装備（対戦車ミサイルなど）も必要である。しかし、経済を復活させ、再選を果たすために必要なレベルの金融支援を受けるには、ウクライナ政府は汚職防止と国家の近代化に真剣に取り組んでいることを示さなければならない。

二〇一一年の「アラブの春」で専制政治から脱却し、アラブ諸国の中で唯一の成功が見込める民主主義国となったチュニジアにおいても、同様の動きが見られる。チュニジアは高い教育水準と経済発展、世俗的な伝統、そして地域で最も危険な紛争から距離を保っていることから、持続的な民主主義を発展させるには最も適したアラブの国である。しかし、二〇一四年の議会選挙以降、チュニジアはウクライナと同様の問題を多く抱えている。経済・政治改革へ向けた意志の弱体化、汚職の再燃、旧体制からの腐敗したエリートの再浮上などである。

そのためウクライナと同様、繊細なバランスを取った行動が必要である。それはつまり、チュニジアの民主派への支援に加えて、抜本的な改革を実施する意志が政府にあることを条件に、変革をもたらすレベルの経済援助を行うという愛の鞭戦略である。慎重な条件付きの援助を行うことで、縁故資本主義の古いネットワークを一掃し、経済的機会を求める若者、公平な競争の場を求める起業家、そして政府の透明性を求める市民を結びつける、新しいタイプの改革連合を促進することができる。[21]

二〇〇〇年頃から対外援助の専門家は、経済援助をより良いガバナンスに結びつける必要性を認識してきた。私は初期の旅や研究の中で、無条件の援助によって、腐敗した政府の役人が見返りもなく自国の資源を搾取する様子を目の当たりにしてきた。一九九〇年代までに、私は、そのような政府への多額の援助は、蔓延している汚職を単に恒久化させるだけだと論じるようになった。このような状況下では、援助は、盗んだり浪費したりできる自由な収入であるという点で、石油のようなものである。私は、世界銀行やUSAIDをはじめとする関係者に、改革を行わない政府への援助を大幅に削減し、可能な限りNGOを通じてその援助を行うように、そして、改革意志のある民主的な政府には援助を増やすことで報いるように主張してきた。[22]

アメリカの対外援助予算の大半は議会のイヤーマークによって制約を受け、特定の目的に支援を向けるため、私の提言はそれほど影響力を持たなかった。しかし二〇〇二年にブッシュ大統領が、より真剣な開発への取り組みを示した国に報いるために、ミレニアム挑戦会計（MCA）という新しい開発援助メカニズムを立ち上げた。MCAを管理する新しいミレニアム挑戦公社は、民主的ガバナンス、経済的開放性、国民への投資に関する各国のパフォーマンスを測定し、これらの指標で上位に位置付けられた貧困国には、多額の新規援助が行われることになった。各国は自ら、市民社会や民間部門との協議の上で、この援助の優先順位を提案する。理屈は単純である。「ガバナンスの良い国の経済成長を重視することで、アメリカの開発援助資金で貧困削減を大きく促進する」[23]、というものである。

このようなインセンティブゲームの裏返しとして、とくに悪質な政府を罰する制裁がある。一般的に、制裁（またはその脅し）が効果を発揮するのは、それが変化を求める国内の圧力を強化する場合と、対象国が制裁を課す国と経済的、地政学的、社会的、文化的な結びつきを持っている場合に限られる。アメリカとの貿易、投資、パートナーシップの結びつきが強ければ強いほど、制裁対象国は制裁で失うものが多くなり、ワシントンはより大きな影響力を行使することができる。このダイナミズムのおかげで、一九七〇年代後半から八〇年代初頭の南米、およびその後フィリピン、韓国、台湾、白人至上主義者の南アフリカなど、重要な時期にアメリカは権威主義体制に圧力をかけることができた。

問題は、われわれが望むものを専制主義国が持っていることが多く、アメリカはしばしばこれらの国と深い結びつきを持ってしまっているということである。典型的なのは石油（サウジアラビア、他の湾岸諸国、ナイジェリア、アンゴラ、アゼルバイジャンなど）や安全保障協力（エジプト、パキスタン、エチオピア、ケニアなど）である。問題は、民主主義と人権を主張するために、われわれは何を危険にさらすことができるのか、である。

アメリカ政府はしばしば臆病になりがちで、こうした政権がすべての協力を断ち切る危険性を過大評価したり、アメリカの支援に対するニーズを過小評価したりしてきた。ある程度の警戒心は理解できる。アメリカの外交官や政策立案者のほとんどは、限られた期間しかそのポジションにいないため、自分が非難されるような決裂を避けようとする本能が働く。さらに重要なことは、リスクの限界に挑むには、アメリカの真の国益に関する大胆なビジョンが必要であり、それは先見の明のある大統領のリーダーシップがあって初めて可能になるものである。

イラン、北朝鮮、ベネズエラ、ジンバブエなど、本当に問題のある体制の行動に影響を与えるためには、制裁には少なくとも西側民主主義国間での幅広い国際協力が必要である。それは一般的に、核拡散やテロなどの安全保障上の緊急課題がある場合にのみ実現する。

制裁は万能薬ではない。西側の民主主義国が援助を停止すると脅せば、無謀な政権は他国——主にロシアや中国だが、それ以外にもイランやその他の国々——にも目を向ける可能性がある。また、制裁を受けた政権は、国営メディアを利用して、無能な専制政治家によって引き起こされた悲惨な経済的窮状を欧米のせいにし、国家的な犠牲の物語を紡ぎ出すこともできる。半世紀に及ぶアメリカの制裁は、キューバに政治的変革をもたらすことができなかった。制裁は、キューバを孤立させ、カストロ政権の反米非難ゲームに拍車を掛けただけだった。

幸いなことに、国際社会として利用可能な圧力手段は、相手国全体を対象とした制裁だけではない。社会全体を傷つけることなく、専制政治家とその取り巻きに真の痛みを与えることのできる、狭い範囲の制裁もある。支配エリートの強欲さや抑圧に注意を向けることで、こうした限定的制裁は、市民と指導者の間に溝を作り、支配者層の分裂を促すことができる。そして、それが民主的な変革を促進する助けとなるのである。

民主主義のための外交

二〇一二年六月、デレク・ミッチェルは、一九八八年の弾圧によりアメリカが外交関係を格下げして以来初のアメリカ大使に就任すべく、美しいアジアの国ビルマに到着した。ミッチェルは、オバマ政権でアジア政策の要職を歴任し、一九九〇年代にはアジアと旧ソ連における民主化プログラムを展開した人物である。ビルマについての詳細な知識と、民主主義促進のためにアメリカにできることを熟知していたミッチェルは、すぐに行動を開始した。アメリカ大使としての約四年間、ミッチェルはビルマの政権、野党、市民社会に対し、アメリカ・ビルマ関係にとって民主主義がいかに重要であるかを繰り返し説いた。

ミッチェルは私にこう言った。「大使がその場しのぎなのか、それとも本当に気にかけているのかは、国によって違う。私は、ほとんどすべての公の場で、民主主義のプロセスや考え方について話す機会を逃さなかった」、と。彼はワシントン、ジェファーソン、リンカーンの言葉を引用し、民族的に複雑な大国で共感を呼ぶであろうアメリカの経験に関する要素――アメリカの連邦制度や「多様性の中で結束を築」こうとするアメリカの苦悩など――を引き合いに出した(24)。そして、人気の高いアメリカ大使館のフェイスブックページを、民主的価値観を伝える場として用いた。

決意に満ちた精力的な外交官は、民主主義に大きな貢献をもたらすことができる。ミッチェルは大使として、民主主義の原則である「地域での協議、選択、透明性、説明責任」を、アメリカのほぼすべての援助プログラムに組み込むよう努めた。アメリカがどのように物事を行うかは、何を行うかと同じくらい重要であると彼は主張した。そこで、彼をはじめとするアメリカの外交官たちは、「（独立系メディアや地元メディアに高い価値を置いて）メディアのインタビューを定期的に受け、間違いがあれば謝罪し、われわれが行ったことの成功と欠点を率直に伝えようとした」のである。ミッチェルはまた、高い水準で企業の社会的責任を追求するよう、アメリカ企業に迫った。そして、二〇一五年十一月に行われるビルマの総選挙一年半前に主要援助国の大使を集め、選挙を支援するための集中的な国際的取り組みに向けた調整を開始した。結果として、民主主義への完全な移行は実現しなかった――軍部が課した憲法がそれを阻んだ――が、半世紀以上ぶりに民主的に選出された議会が誕生し、一定の権限が与えられた。

ミッチェルの話は、いくつかの重要な教訓を補強するものである(25)。まず何よりも、個々人が重要であるということである。民主主義と人権に関心を持ち、民主主義の規範と原則を模範としながら職務を遂行する外交官は、民主的なアクターを強化し、不穏な勢力を正しい方向に導くことができる。

さらに、支援は非常に有用である。ビルマの政治的開放が始まった二〇一〇年には、ビルマの政治と市民の状況は、五十年間におよぶ、時に全体主義的な支配によって打ちひしがれていた。それはまるで巨大な隕石がビルマのメディアや市民社会を直撃し、そこにあったもののほとんどを粉砕し、その残骸を遠くに飛ばしてしまったかのようだった。しかし、豊富な国際援助プログラムのおかげで、わずか数年のうちに市民社会と競争力のある政治が復活した。

大使には、高尚な声明を発表したり、少額の助成金を提供したりする以上のことができる。投獄されている反体制派を訪問したり、デモの現場に現われたり、公開裁判を監視したりすることで、外交官は国家による弾圧のコストを高め、場合によってはそれを抑止することができる。嫌がらせを受けている活動家や抑圧されているコミュニティに関与することで、人権侵害に光を当て、それを徐々に減少させることができる。個人的に改革を強く求め、強行的な姿勢には制裁を課すと警告し、民主主義の進展には報酬を与えることで、自由と説明責任を求める現地の運動を強化することができる。

オバマ政権時代にマイケル・マクフォールがロシアで大使を務めた波乱の二年間のように、時には権威主義の潮流は抑えがたくなるため、困難にさらされる民主派の間で希望が失われないように外交官は努力しなければならない[26]。また、一九八六年のフィリピン、一九八八年のチリ、そして一九九〇年代初頭の南アフリカのように、卓越したアメリカ大使（それぞれスティーヴン・ボズワース、ハリー・バーンズ、プリンストン・ライマン）が、その国の民主主義勢力に道徳的・物質的な支援を行い、不確実な政治的プロセスを自由の方向に導く一助となることもある。

言葉を発信する

デジタル時代において、情報は力となる。人々が何を考え、何に価値を見出し、何を信じるかによって、政府システムの未来が決まる。ロシア政府と中国共産党がグローバルな情報工作に多額の投資をしてきたのは、このためである。彼らは、自分たちの政治モデルの輝かしい肖像を投影し、権威主義的な価値観を広め、批判的な報道を検閲し、世界の民主主義国と民主主義そのものに対する疑念、不和、偽情報を植え付けようとしている。そして、世界の世論動向が示すように、彼らは少なくとも一定の成果を上げている。アメリカの民主主義がますます機能不全に陥り、ドナルド・トランプが高圧的な「アメリカ第一主義」という排外主義を追求すると、アメリカのグローバル・リーダーシップに対する人々の支持は世界中で急落し、ロシアや中国とほとんど肩を並べる状態になった(27)。

グローバルなコミュニケーションが改善されても、世界の他の国々に嘲笑と恐怖しか与えないのであれば、アメリカの地位を向上させることはできない。しかし、より賢明なレトリックや政策もまた、それだけではこの潮流をくつがえすことはできない。新たな権威主義の潮流に対抗して民主主義を強化するためには、情報とアイディアに関する新たなキャンペーンが必要である。

残念ながらアメリカ政府は、仮に大統領が興味を持っていたとしても、この戦いの準備ができていない。ワシントンにはかつて、このキャンペーンを展開するのに必要な道具があった。一九五三年に設立されたアメリカ情報局（USIA）は、アメリカの政策を説明し、アメリカの価値観を広め、共産主義者のプロパガンダや偽情報に対抗し、ボイス・オブ・アメリカのような国際放送を管理していた。数多くの出版物、二十数カ国語での放送、幅広い文化・教育交流を監督していた。

USIAが行ったことのすべてがうまくいったわけではなく、なかにはアメリカの信頼を損なうような粗雑な副産物もあった。しかし、USIAが最も得意としていたのは、民主主義の思想や知識、人と人との交流を、従来の外交を超えた形で推進することだった。しかし、一九九九年、クリントン政権は上院外交委員会の議長を務めていたノースカロライナ州選出のジェシー・ヘルムス上院議員との間で、グローバルな関与に必要な他の予算を削減しない代わりに不要な予算は削減する取り決めを行い、USIAの幕を静かに閉じてしまった。USIAの運営機能は国務省に統合され、国際放送に関する権限は別の理事会（最近、アメリカ放送理事会として再編成された）に委譲された。もちろん、アメリカの広報外交とグローバルな文化活動は継続されたが、その優位性、焦点、資源の一部は失われた。

専制政治が急増する現在、民主主義のための広報外交を精力的に再起動させる必要がある。そのための最良の方法は、ジェームズ・クラッパー元国家情報長官が言うような、「情報戦争をより攻撃的に戦うための、ステロイドを使ったUSIA」を作ることである。[28] しかし、休眠した政府機関を復活させることは、政治的には決して容易なことではない。

国務省は少なくとも、この任務を精力的かつ注目を浴びるように指導する必要がある。一九九九年十月にクリントン＝ヘルムス協定の一環として公共外交および広報担当国務次官が設置されて以来、これまでに十二人がこの職に就任したが、平均在任期間は約一年半であった。広報外交の経験が豊富な者はほとんどおらず、一九六一年にジョン・F・ケネディ大統領がUSIAの責任者に指名した伝説の記者、エドワード・R・マローのような偉大な人物はいなかった。勢いづいた権威主義者に対抗して世界規模の戦争を遂行するには、有能な将軍が必要である。[29]

教育・文化交流ほど、アメリカの「ソフトパワー」と民主的価値をアピールできるものはない。中国は人と人との交流を飛躍的に拡大しており、学生、ジャーナリスト、市民や政治家が中国を訪問し、中国で勉強するための資金を大幅に拡大している。われわれがすべきことは、交流資金を削減することではない。

これらのプログラムの代表的なものであるフルブライト奨学金は、三七万人以上のアメリカ人が海外で勉強したり教えたりするのを助け、一六〇カ国以上の外国人をアメリカの大学に留学させるのに貢献してきた。フルブライト卒業生のうち六十人が自国の元首になっている。[30] 私自身、一九八二年から一九八三年にかけてフルブライト奨学金を得てナイジェリアで教鞭をとったことで、ナイジェリアとの深いつながりができ、民主主義の発展に関して貴重な学びを得ることができた。

孤立主義のトランプ政権は、これらの交流を極端な削減の対象としている。幸いなことに、二〇一七年にはフルブライトプログラムの多くの支持者が結集して、年間二億三五〇〇万ドルの予算の半分近くを削減する案を阻止したが、同政権は再び二〇一九会計年度に七一％の予算削減を提案してきた。[31]

交流プログラムを守るだけでなく、中国やロシア（そしてイランや、イスラム国のようなテロリスト集団）がもたらす激しい挑戦に対応するために、アメリカの国際放送を拡大、深化、加速させなければならない。そのためには、「ボイス・オブ・アメリカ」や、「ラジオ・フリー・ヨーロッパ」、「ラジオ・フリー・アジア」、「アル・フーラ」（アラビア語で「自由な者」を意味する）といった、アメリカの地域的な「自由放送局」に新たなエネルギーを与えなければならない。このような国際的な放送は、徹底的に真実を伝えるものでなければならない。一九六三年にUSIAを率いていたマローが議会での証言で述べたように、「真実は最高のプロパガンダであり、嘘は最悪のものである。説得力を持たせるためには信じられなければならず、信じられるためには信用されなければならず、信用されるためには正直でなければならない」のである(32)。

二〇一六年にオバマ政権は、アメリカの国家安全保障を脅かす「外国および非国家主体のプロパガンダや偽情報の取り組みを認識し、理解し、公表し、対抗する」ために、国務省内にグローバル・エンゲージメント・センターという有望な新組織を創設した(33)。ある記者が言うように、これは二〇一六年のアメリカの選挙をハッキングしたロシアのトロール工場である「インターネット・リサーチ・エージェンシー社」に対するワシントンの答えだった(34)。しかし、トランプ政権下でこの新しいセンターは、「行政上の無能さ」、政策の分裂、トランプ政権の不運な最初の国務長官レックス・ティラーソンによるコミットメントの欠如などにより立ち往生し、議会がロシアの偽情報対策に割り当てた一億ドル以上の予算を使うことができなかった(35)。

とはいえ、このコンセプトが自由のための世界的なキャンペーンにとって重要であることに変わりはない。権威があり、機敏で、十分なリソースを持ち、技術的にも革新的なセンターが、迅速なデジタル対応と説得的な対抗言説によって権威主義的なプロパガンダに対抗するのである。アメリカのグローバルな外交官は、クレムリンやトランプの虚偽癖を反面教師として重要な教訓を学ぶべきである。それは、説得的な物語を繰り返し語ることで、人々を政治的に動かすことができるということである。このようなメッセージは、速報性と事実性、情熱と敬意、そして鮮やかさと責任感を兼ね備えているものでなければならない。そのメッセージは複数のメディアで、さまざまな言語で発信され、大使によってソーシャルメディア上でも伝達される必要がある。またそれは、他国の社会がアメリカについて考え、感じていることにも対応する必要がある。心を開いて耳を傾けることは、「心をつかむ」ための前提条件である。(36)

われわれはまた、民主主義に関する知識をどのように伝えるべきか、考え直す必要がある。何十年もの間、アメリカの図書館や文化センターは、専制主義的な社会の学校や図書館では学ぶことが難しいアメリカの歴史、民主主義、ジェンダー平等、公民権など、多くのトピックについて、世界中の人々が学べるよう支援してきた。こうした「アメリカの空間」は、人々が安全に読み、考え、集うために重要な物理的空間であり続けている。しかし、それらを利用する人の数は、とくに政府の権力濫用が見られる体制下においては限られている。他方、デジタル時代には、これまで想像もしなかったレベルで知識を伝播することが可能になった。

適度な資源を投入することで、アメリカやその他の民主主義国は、民主主義に関する古典的な作品や新しい思想を中国語、ロシア語、アラビア語、ペルシャ語、ベトナム語などに翻訳することができる。憲法設計、人権、政軍関係、非暴力の市民的抵抗といった分野の知識を無料で提供する大規模公開オンライン講座（MOOC）を放送することもできる。毎年七百人の若きアフリカの指導者を「マンデラ・フェロー」としてアメリカに招いているヤング・アフリカン・リーダーズ・イニシアティブのような、若者の交流を支援することもできる。そして、デジタルコミュニケーションや学習のための新しいツールやオープン・プラットフォームの開発を支援することもできる。

また、専制国家における自由で開かれたインターネットアクセスのために闘うべきである。低所得国でインターネットへのブロードバンドアクセスを拡大し、発展途上国の学校でコンピューターをより広く利用できるようにすれば、自由の大義に貢献する知識革命を促進することができる。貧しい人々のほとんどは、スマートフォンでインターネットにアクセスしている。そのため、民主主義と人権に関する授業、ビデオ、その他の教材は、小さな画面と大きな希望を念頭に置いてデザインされるべきである。

権威主義国のウェブユーザーは、国家によるインターネット検閲を回避し、サイバー空間での安全性を強化するための新しいツールも必要としている。近年、国務省はこのような取り組みに資金を提供しており、次章で述べるようにグーグルの一部門である「ジグソー」が、ジャーナリストや市民社会団体、そして個人をサイバー攻撃やオンライン上の権利侵害から守るための有望な新ツールを開発している[37]。われわれは、新しいツールやオープン・プラットフォームの開発を引き続き支援すべきである。

また、民主主義の名のもとにフラッシュ・ドライブを大量生産するという、単純だが創造的な方法も試してみるべきである。今日の小型フラッシュ・ドライブは、ほんの数年前のデスクトップ・コンピューター一台分と同じくらいの情報量（三二ギガバイト以上）を保存することができる。金属、プラスチック、および回路でできたこの小さな部品に、複数のコースに相当する書籍、論文、およびビデオベースのMOOCを保存することができるのである。これらは非常に小さいので、簡単に隠したり、口紅など他の物に見せかけたりすることができる。インターネットの自由がない国々では、フラッシュ・ドライブは民主的なアイディアを大量に流通させるのに最適な方法かもしれない。ラファエル・マルケスの言葉を借りれば、これらは独裁者を倒す口紅になりうるのである。

信念の維持

世界の民主主義国は、何よりも一つのことを忘れてはならない。それは、われわれにはより優れたアイディアがあるということである。ある特定の歴史的瞬間には、権威主義的な支配が有用であったり、必要であったりすると受け入れる人もいるだろう。しかし、中国の劇的な台頭があっても、一部の利己的な支配者やその一派を除けば、今日の世界で権威主義を道徳的にも実際的にも優れたシステムであるとして称賛する人はほとんどいない。中国、ロシア、イラン、ベネズエラ、ベトナムなど、世界でもっとも強固な専制国家でさえ、多くの人々が民主主義とは何か、どうすれば実現できるのかを理解したいと思っている。多くの独裁者や将軍でさえも、民主主義の魅力を知っており、そして恐れている。

われわれは、この情報とアイディアの戦いに大きく賭けるべきである。そうすれば勝利するであろう。独裁国家は、自由、尊厳、自己決定を求める人間の基本的な願望を満たすことはできない。彼らにできるのは、それを混乱させ、汚すことだけである。ダライ・ラマが一九九九年に書いたように、

「人権の尊重、言論の自由、すべての人間の平等、法の支配」は「文明社会の必要条件」である。民主主義を求める「国々を助けるのは、民主主義の自由世界の責任である」、と彼は宣言している。(38) 中国の冷酷な強権的政治家である習近平ではなく、この謙虚な仏教徒の精神的指導者こそが歴史の正しい側に立っており、われわれを良心の側へといざなっている。

第12章
民主主義のためのインターネット安全化

心の深い、深い奥底では、何か悪いことが起こりうることを知っていたと思う。社会の仕組みを壊してしまうようなツールを作ってしまったのだ。

——元フェイスブック上級役員チャマス・パリハピティヤ（二〇一七年）(1)

二〇〇六年、二人の学生からフェイスブックというものについて聞かされた。私はこのソーシャルネットワーキングサイトについて全く聞いたことがなかった。前年に登場したばかりのユーチューブも辛うじて知っていた程度であったし、情報通信技術がどのように政治を変えていくのかに関してまだ注目していなかった。学問の世界ではよくあることだが、教授は学生を通して発見をするものである。私は二人をリサーチ・アシスタントとして雇い、彼らの助けを借りて、私が解放の技術と呼ぶ現象を解明していった。

インターネット、電子メール、テキストメッセージ、写真共有、その他のソーシャルメディアといった新しい情報技術によって、世界中で人々は政府の検閲を乗り越え、人権侵害を記録し、不正投票を暴露し、デモを組織し、汚職を明らかにし、表現の自由な新しい公共圏を作り出していた。(2) これらの技術はアメリカの政治をさらに民主化した。二〇〇八年にはバラク・オバマがヒラリー・クリントンに組織化の点で勝り、大統領戦で民主党の指名を勝ち取ったのもこれらの技術のおかげだと言える。私は魅了された。

翌年、検閲や抑圧に対抗するためにデジタルツールがどのように使われているかを研究し、市民に力を与え、公衆衛生を改善し、社会をより開放的で、まっとうで、公正なものにすることを目指し、私はスタンフォード大学で新しいプログラムを共同で立ち上げた。(3) 学生、同僚、そして私は、二〇一一年二月にカイロのタハリール広場に押し寄せ、エジプトの独裁者ホスニー・ムバラクを倒したデモ隊をはじめとするアラブの春の大規模な抗議行動を、ソーシャルメディアを使って動員した活動家たちから刺激を受けた。(4) 中国の若いブロガーたちが巧みなミームを使って検閲を逃れ、共産党のプロパガンダに異議を唱え、人権侵害を報告していること、マレーシアの大胆なオンライン新聞マレーシアキニ紙が汚職、民族差別、警察の残虐行為を暴露していること、さらにケニアの非営利団体「ウシャヒディ」が二〇〇八年の選挙後に起こった暴力事件を特定するためのソフトウェアを開発していることとを知った(5)。それゆえに、ラテンアメリカで抑圧、貧困、不正と闘ってきたカトリックの運動である「解放の神学（liberation theology）」の概念をもじった、「解放の技術（liberation technology）」なのである。

しかし、新しいデジタルツールの刺激的な利用法が発展するにつれて、権威主義的な手法も進歩した。とくに中国とロシアは、独立系メディアや市民社会のオンライン上での活動を監視し、ブロックし、混乱させ、ハッキングすることに資源を投入した。二〇〇九年の反対運動である「緑の運動」後のイランや、「アラブの春」後のほとんどのアラブ諸国もそうであった。

二〇一一年までには、民主派と独裁者がサイバー空間の支配権を争うようになった。サイバー上でのいじめや罵倒の言葉はオンライン上ではありふれたものになりつつある一方で、自由民主主義国でさえもプライバシー権が国家や企業からの圧力を受け、ネット上でのいじめや罵詈雑言が日常化していた。権威主義国はインターネットへのアクセスを監視し、フィルタリングし、制御しようとしているだけではなかった。それらはまた、インターネットを国ごとに分割し、それを利用して市民を分断し、顔認識技術のような抑圧のための新しいデジタルツールを開発しようとしていた(6)。

当時の私は、サイバー空間では民主的な規範やアクターが優勢になるだろうと楽観視していた。しかし現在、インターネットははるかに厳しい場所になっている。だが、状況は絶望的なものではない。いくつかの創造的なイニシアティブが、オンラインでの自由を低下させている分極化、偽情報、操作、政府による抑圧という蝕まれた風を逆向きに押し返そうとしている。われわれはインターネットを民主主義にとってより安全な場所にすることができるが、それには民主主義国政府、テクノロジー企業、市民社会団体、そして個人のネチズンの間での協調的なパートナーシップが必要である。

民主主義を友達から削除する

二〇一八年半ばまでに、推定三二億人（世界人口の四十%以上）がソーシャルメディアを利用しており、その数は毎年十三%という驚異的なペースで増加している。最も人気があるのはフェイスブックで、二十億人以上のユーザーを抱え、ユーザーのエンゲージメントも圧倒的に高い。ユーチューブ、ワッツアップ、インスタグラム、ウィーチャットといった他のプラットフォームも、十億人以上のユーザーを抱えているか、もしくはその数値に向かって急速に成長している[7]。二〇一七年八月までにアメリカ人の三分の二が、ニュースの少なくとも一部をソーシャルメディアで入手していると回答しており、新聞やラジオよりもソーシャルメディアでニュースを頻繁に消費するアメリカ人がはるかに多くなっている[8]。

ソーシャルメディアがニュース、意見、政治的主張を発信する手段として主流になるにつれ、それが民主主義にもたらす危険性が明確になり、緊急性を増している。実際、ソーシャルメディアが民主主義の脅威となっているのは、これが情報の流れを根本的に民主化し、編集上のフィルターや基準を取り除き、どこにいる誰もがジャーナリスト、映画監督、評論家として活動できるようにしているからである。フェイスブックのCEOであるマーク・ザッカーバーグは二〇一八年十一月の注目すべき投稿で、「私が学んだことの一つは、二十億人をつなぐと、人間の美しさと醜さのすべてが見えてくるということだ」と述べている[9]。

しかし、ソーシャルメディアがもたらす危険は、他の根深い特徴からも生じている。ソーシャルメディアのプラットフォームにとって、人々の注目を集めることは経済的な動機に直結している。ユーザーが特定のサイトで費やした時間が長ければ長いほど、広告収入が増加するからである。そのため、挑発的で、感情的で、もしくは全く無茶苦茶なコンテンツが優遇される。もちろん、これはすべての商業メディアに当てはまることである。というのも、ザッカーバーグが指摘するように、「放っておくと、人々はよりセンセーショナルで挑発的なコンテンツに過度に関与してしまう」からである[10]。しかしソーシャルメディアでは、空間的な制限も事前の編集フィルターも、スケジュールの制約もないため、情報が瞬時に伝達され、高密度の分散型ネットワークによって広く拡散される。こうした高速性と拡散性という二つの特徴により、デジタル投稿は広く注目を集め、冷笑的な嘘も熱烈な真実も同様に注目を集めることができるのである。

さらに、ソーシャルメディアは本質的に操作されやすい。仮にすべての巨大プラットフォームが偽の、もしくは匿名のユーザーを禁止したとしても（フェイスブックは技術的にはすでに禁止している）、すべてのユーザーの本当の身元を確認することは困難であり、コストもかかる。そして今では自動化によって、偽アカウントから悪意のある情報を莫大な規模で迅速に拡散させることが可能になっている（もっとも、フェイスブックは驚くべき数の偽アカウントを定期的に削除している）。これにより、ソーシャルメディアは、国内外の悪意ある勢力に操作されやすくなっている。

これらの問題は重なり合っているが、「オミダイアグループ」が最近発表した優れたまとめを参考にすると[11]、ソーシャルメディアが民主主義に及ぼす相互に関連した多くの危険を特定することができる。ソーシャルメディアは、意図的であれ無意識であれ、誤った情報を伝播することによって、政治的な分極化を強めている。内容が酷ければ酷いほど、より遠くまで届く。すべての情報源に対する信頼や、客観的な真実という概念が崩壊していくにつれ、既存メディアの正統性も失われていく。これにより、政府、政党、運動、指導者たちが、偽りの、そして分裂を引き起こすメッセージを広め、信奉者との間に直接的かつ慎重に対象を絞った関係を築くための環境が整う。その結果、分極化が進み、健全な民主主義社会に必要な礼節と相互尊重の精神が公共圏から失われていく。あらゆるものがデジタル化され、追跡されるようになると、個人のプライバシーと自由は、民主主義とともに損なわれていく。

もちろん、分極化はデジタル時代に始まったわけではない。アメリカからドイツに至るまで、近代民主主義国では、インターネットはおろか、テレビが登場するはるか前から分極化が始まっていた。しかし、ソーシャルメディアを使えば、似た考えを持つ人を見つけ、彼らとつながり、意見の異なる人を中傷することがすばやく簡単にできてしまうのである。

デジタルプラットフォームでは、ユーザーの興味や偏見、さらには買い物の好みにさえも合ったニュース、検索結果、友達候補の提案、最新情報などが継続的に提供される。これがフィードバックのループを生み、人々のデータプロフィールを絶えず改良し、「エコーチェンバー」として知られる、「似た考えを持つグループへの自己分離」を促進する。(12) また、これらは「フィルターバブル」としても機能し、「彼らに送られてきた（党派的な）メッセージに合わない情報から」人々をかくまってしまう。(13)

このことは、社会学の初期の研究から得られた古典的な洞察の一つを思い出させる。その見識とは、異なる民族、宗教、政治的意見を持つ人と頻繁に交流する横断的な社会的絆を持つ人々は、より穏健な意見を持つ傾向があるというものである。そのような人々は「横断的圧力」を受けている。たとえば、仕事上の同僚はある方向に偏っているかもしれないが、教会の仲間はまた別の方向に偏っているかもしれない。しかし、このような健全な横断的圧力がなくなってしまうと、人々は共通の信念、恐怖、そして恨みなどの狭い世界に囚われてしまう。(14)

事態が本当に悪化すると、人々は異なった事実の世界で生きるようになる。フォックスニュースやMSNBCのような根本的に異なるニュースソースを追うだけでなく、自分の偏見を補強するようなニュースやプロパガンダが友人から送られてくる。反対意見に耳を傾けることも少なくなり、反対意見を「フェイクニュース」だと見なすようになる。そして時には、それは実際「フェイクニュース」なのである。

今日のデジタル領域では、真実の歪曲には二つの形態がある。「偽情報（disinformation）」（意図的に作成・拡散される虚偽の情報）と、「誤情報（misinformation）」（噂や風刺を含め、「不注意に共有される誤った情報」）である。[15] 捏造されたコンテンツや誤解を招くようなコンテンツは、ソーシャルメディア上で容易に拡散される。なぜなら、虚偽の情報は真実よりも娯楽性が高く、心をつかむことが多いからであり、また、デジタル形式でいかにも本当らしく生成することがますます容易になっているからである。

しかし最大の危険は、産業規模で行われる真実の歪曲である。なぜなら、二〇一六年にアメリカの選挙をロシアがハッキングしたように、「戦略的および地政学的な成果を達成する」ために、政府や政治団体が高度に組織化された情報工作を行うからである。[16] これらの工作は、偽のデジタルアカウント（人間やボット）を用いて怒りを増幅させ、反対勢力を威嚇しようと協調的な取り組みを行う。そして多くの場合それらは成功し、人々の怒りと分極化をさらに増幅させる。

アメリカの選挙をハッキングできるのは、サンクトペテルブルクにあるクレムリンご用達の大規模なインターネット・リサーチ・エージェンシー社だけではない。ワイアード誌によると、二〇一六年には、仕事が少なく、インターネットに精通した多くの若者が仕事に飢えていたマケドニアの小さなある町が、「少なくとも百件の親トランプ派ウェブサイトの登録地になり、その多くは扇動的で、完全なフェイクニュースで埋め尽くされていた」という。[17] これらのサイトは、若いクリエイターにそれぞれ数千から数万ドルの広告収入をもたらした。

人々が自らの情報サイロの中でより深く孤立するにつれ、有害な情報を信じて流布する傾向が強くなる。情報源や信憑性にほとんど注意を払わず、自分の偏見を裏付けるストーリーに飛びつくのであるる。このような状況は、選挙戦になるとさらに強まる。ブルッキングス研究所の報告書によれば、二〇一六年のアメリカ選挙におけるフェイクニュースのトップ二十（これには「フランシスコ・ローマ法王がドナルド・トランプを支持」や「ヒラリー・クリントンがイスラム国に武器を売却」などのデタラメなものが含まれる）は、真実の記事トップ二十よりも広く共有され、コメントされていたという。[18]「ワシントンのピザ屋が、ヒラリー・クリントンの承知の上で、児童を性奴隷としてかくまっている」という狂気じみた話が、とあるノースカロライナ州の男性を駆り立て、首都に突撃銃を持って駆けつけ、救出劇と妄想した行動を実行しようとさせた。[19] 幸い犠牲者は出なかった。しかし、メディア専門家や国際的な観察者は、トランプがメディアを「国民の敵」として行う攻撃をエスカレートするのにあわせて、悪質な噂の拡散がアメリカのジャーナリストに対する直接的な暴力につながるのではないかと懸念している。[20] 二〇一八年十月には、フロリダ州出身の狂信的なトランプ支持者が、CNNニューヨーク支局および大統領に批判的な多くの人物に爆発物を送ったとして逮捕された。[21]

人は、一度嘘の物語を受け入れてしまうと、それらを否定することが非常に難しくなる。自分が信じていることに感情的に入れ込んでしまうためである。実際、彼らが間違っていると説得しようとすると、かえって彼らが深みにはまるのを助長する。[22] それゆえ、偽情報は過激化と分極化を強めるのである。そして、スタンフォード大学での私の同僚であるナサニエル・パーシリーが言うように、「候補者や選挙に対する冷笑主義を煽ることで」、他の人々をも政治から離れさせる可能性がある。[23]

偽情報の破壊力が及ぶ範囲は、今後数年で飛躍的に拡大するだろう。人工知能の急速な進歩により、画像や音声を加工して、個人がとんでもないことを発言したり行ったりしたように見せる「ディープフェイク」と呼ばれる動画が今後増えてくる。[24] このような非常にリアルなフェイクは、これまでは粗雑な偽造でしか宣伝できなかったデマを、一見説得力のある証拠として人々に見せ、怒りや暴力さえも引き起こすことになるだろう。さらに悪いことに、この新技術が一般に認知されると、本物の映像証拠の信頼性が損なわれる恐れがある。今後数年間、市民は自分の目と耳を信じることがますます難しくなるかもしれない。

疑念や不信感が日常化するにつれ、ウォールストリート・ジャーナルやナショナル・パブリック・ラジオからABCニュースに至るまで、伝統的なメディアは信頼性と正当性を失いつつある。これらの伝統的なメディアは長きにわたり、事実を公平・厳密・正確に判断し、説明することを追い求めてきた。そうすることで、彼らは専門家や、時には政府、大学や裁判所といった地位のある機関の正統性を高めてきた。これに対しソーシャルメディアは、人気があり、話題になっていて、バイラルなものを取り上げる。そのため一時的には、既存の機関ではなく、仲間やソーシャルメディアのプラットフォームから得られる情報に対する信頼が高まる。[25] しかし、オンラインで偽情報が蔓延するなか、われわれは今、すべての情報や権威のチャンネルに対する信頼を広範に失う危険に直面している。[26]

このような状況下で、本物の個人を装ったボットやトロールを使って世論の流れを捏造しようとする人々の政治的操作に対して、社会はより脆弱になっている。最も悪名高い例は、二〇一六年のアメリカ選挙におけるロシアのソーシャルメディアへの介入であったが、すべての権威主義政権は現在、オンライン上で世論を操作し、管理し、誹謗中傷し、拡散するようになっている。政府がソーシャルメディアコンテンツを操作する事例が増加していることは、フリーダムハウスが記録しているように、世界におけるインターネットの自由が八年間にわたって着実に低下している主な要因の一つとなっている。[27] なかでも、中国ほど大規模にソーシャルメディアを操作し、自由に対して恐ろしい影響を与えている独裁国家はない。

多くの民主主義国では、政治運動や政治色の強いニュースサイトもオンライン上のコンテンツを操作しているが、やり方はそれほど露骨ではない。ある研究によると、二〇一六年のアメリカ大統領選挙の最終盤では選挙運動関連のツイートのうち十八%近くがボットによって生成され、そのうち約四分の一はクリントンとトランプの大統領討論会の間に生成されたものであった。[28] アメリカでは、排外主義的な「ブライトバード」に代表される右派系オンラインメディアが、左派系のものよりもはるかに偏向していた。つまり、虚偽や誤解を招くような主張を増幅させ、それを大きな物語に仕立て上げて主流メディアに浸透させる可能性がはるかに高いのである。分極化は否応なしに起こったものではない。右派が意識的に推進したのである。[29]

ドナルド・トランプ、フィリピンのロドリゴ・ドゥテルテ大統領、インドのナレンドラ・モディ首相のようなポピュリストリーダーは、ジャーナリストのフィルターやチェックを介することなく、自分のツイートを使ってフォロワーと直接的な関係を築いている。ソーシャルメディアでは、非リベラルな指導者が「憎しみや皮肉に満ちた見解を常態化したり、ソーシャルメディアのフォロワーから発信されるメッセージを暗に承認したりする」ことができる。極端に言えば、専制政治家やデマゴーグは、ビルマでロヒンギャやその他のイスラム教徒に対して行われたように、少数民族に対する致命的な暴力を扇動するヘイトスピーチを広めるためにフェイスブックやその他のプラットフォームを利用することができる。[31]

デジタル社会の分極化が進み、偽情報が熟議を妨げるようになるにつれ、オンラインでの言説の質が低下し、公共圏が劣化している。対立するオンラインコミュニティ同士は、もはや事実に関して合意することができず、ソーシャルネットワークにおいてもメタナラティブにおいても重なりをほとんど持たないため、感情を抑えることができない。議論は罵詈雑言にとって代わられる。人種差別やヘイトスピーチは自由に飛び交う。

オンライン上での表現の多くが匿名であることが、この問題をさらに悪化させている。たとえばツイッターでは自分の身元を隠すことができるため（フェイスブックでもルールに反して身元を隠すことはできる）、醜い表現や憎悪に満ちた表現はさらに大胆になっており、女性やマイノリティに対するネット上でのいじめやオンライン上での攻撃が助長されている。過激派や外国人の意図を汲んだトロールやボットがネット上の会話に入り込み、社会の不和を煽る。政治的な見解を異にする者同士がオンライン上で相手を中傷したり罵声を浴びせたりすることで、互いに軽蔑と不信感を募らせていく。

しかし、インターネット上で衰退しているのは、寛容さ、礼節、信頼だけではない。われわれは、個人のプライバシーや自律性も失いつつある。今日、ソーシャルメディアのプラットフォームや政府は、（ロックバンド「ポリス」の有名な曲の替え歌で言うと）すべてのクリック、すべての検索、すべての購入履歴、そしてわれわれが試すすべてのアプリを監視し、記録している。

フェイスブック、グーグル、インスタグラムのみならず、アマゾンのようなオンラインショッピングサイトも含むテクノロジー企業は、精密マーケティングを通してこのようなデータを保存、共有、販売している。これらの企業は、個人のプライバシーを脅かすだけでなく、個人を操作する新たな世界を生み出している。オミダイア・グループが指摘するように、これらのデータが、「計算心理学や行動・人口分析と組み合わさったビッグデータ分析」という新しい統計手法を用いて解釈されると、これまでは想像もできなかった精度で、各ユーザーの性格をプロファイリングし、行動を誘導することができるようになるのである。(32)

これは単に本、音楽、靴、靴下の売り上げが増えるということだけではない。これは政治をも変容させたのである。二〇一六年、このビッグデータの金脈によって、右派の政治コンサルティング会社である「ケンブリッジ・アナリティカ」は、トランプ陣営やブレグジット陣営の広告やメッセージをマイクロターゲット化させることができた。八千万人以上のフェイスブックユーザーのデータを悪用したスキャンダルでケンブリッジ・アナリティカは閉鎖に追い込まれたが、大量の個人データを利用して有権者をターゲットにしたメッセージを発信することは、今後も続くだろう。そして、個人のプライバシーと社会の一体性に対する脅威も、同様に続くであろう。

ソーシャルメディアやイーコマース企業だけがネット上での生活の一挙手一投足を追跡しているわ

けではない。独裁国家も同様である。権威主義政権は、インターネットを政治的な監視、抑圧、統制のための広大なウェブとして利用するケースが増えている。

中国は先陣を切って、中国国民全員のデジタルフットプリントを評価し、各人の「社会信用スコア」を集計することを目的とした大規模な監視国家を構築している。ソーシャルメディアで政府に批判的な投稿をしたり、「非国民」と見なされるニュースをオンラインで共有したり、デモ隊の近くで国家の監視カメラに撮影されたりすると、いずれも低いスコアとなる可能性があり、パスポートや電車の切符を手に入れることさえ困難になる。

中国の主要都市には監視カメラが設置されており、その画像データは強力な顔認証ソフトウェアによってチェックされている。グレートファイアウォールとして知られる中国の大規模なコンテンツフィルタリングシステムは、ニューヨーク・タイムズ紙をはじめとする多数の「危険な」欧米のサイトやソーシャルメディアプラットフォームをブロックしている。インターネット警察の組織は、外国のコンテンツや危険な思想をすばやくウェブから排除する。(33)中国のインターネット企業にはコンテンツのフィルタリングを行うことが義務づけられており、政府は高度なレベルの監視を自由に行うことができる。愛国心を持つ共産主義青年団のメンバーによる流行りのミームやツイートの形で、政権擁護のコメントを動員することもできる。党はまた、新たなスキャンダルや政権の汚職事件で批判が高まった場合はとくに、ウェブ上に娯楽などの気晴らしになるコンテンツを氾濫させ、注意をそらすこともできる。

悲しいことに、世界中の権威主義政府や非リベラルな政権は、中国が秘伝の方式を示してくれたと考えている。中国はジョージ・オーウェル的な手法を他の専制的な政権と容易に共有しており、デジタル技術が「国家による驚異的規模の支配と抑圧」を可能にする「逆アラブの春」が危ぶまれる。(34) 権威主義国家は、批判的な意見のブロックや削除、疑わしいジャーナリストやブロガーへの追跡、嫌がらせ、逮捕、さらにボットやトロールを用いた好意的なソーシャルメディアコメントの誘導や敵対者の悪者化にますます熟達し、積極的になっている。独裁政権は、インターネットプラットフォームに対し、政府がアクセスできるようユーザーデータを国内に保存するよう要求するケースが増えている。このような包括的なデジタルフットプリントを利用すると、中国のように市民の表現や行動を積極的に形成し、制約し、罰することができるようになる。

専制政治家はまた、DDoS攻撃を用いて、反対派や独立系メディア（海外に拠点を置くものを含む）のウェブサイトを、大量のトラフィックで機能障害に陥れ圧倒することもできる。何もかもうまくいかない場合は、強権的政治家がインターネットの速度を低下させたり、一時的に閉鎖させたりすることもできる。これらの多様な方法で、権威主義体制は、インターネットを専制政治にとって安全なものにしようとしている。(35)

民主主義のためにインターネットを救う

インターネットの自由を取り戻すには、政府の対応、企業の改革、そして技術革新が必要になる。

オンラインでの自由と礼節を維持するための競争は、多くの試行錯誤を伴うだろう。テクノロジー企業も政府も、ある程度の謙虚さを持って進むべきである。偽情報やヘイトスピーチといった問題から民主主義を守るための多くの措置は、表現の自由に対する攻撃という別の問題を悪化させる危険性がある。したがって、政治や企業の対応は、民主的な価値に基づいたものでなければならない。

オックスフォード大学のティモシー・ガートン・アッシュ教授は、言論の自由に関する十の原則を提示しており、これは賢明な出発となる(36)。世界中の人々には、自己表現をし、情報やアイディアを交換する自由があることを認めるものである。そのためには、タブーを避けつつも、宗教の自由を尊重する必要がある。「検閲を受けていない、多様で信頼できるメディア」と自由なインターネットも必要である。また、暴力的な威嚇を排除し、論争を呼ぶような話題についても礼儀正しく真剣に話し合う「確固たる礼節」を尊重しなければならない。現実世界の民主主義が市民の参加の上に成り立っているように、オンラインでの民主主義もまた個々のネチズンに多くを求めることになる。われわれは、インターネットを積極的に、見識と敬意を持って利用するための教育を受ける必要がある。

ボット、トロール、偽情報との戦い

野心的で規制が不十分なハイテク企業はこのような問題の多くを生み出してきたが、それらを改善するためにできることはたくさんある。まず、虚偽の、悪意のある、あるいはずさんな情報を提供しているとプロのファクトチェッカーが繰り返し指摘してきた情報源にフラグを立てることができる。

二〇一七年三月、フェイスブックは世間の反発を受け、明らかに事実無根と思われるニュースについて「論争がある」というフラグを立て始めた。しかしこの試みは裏目に出て、偽情報に余計な注目が集まり、時には偽情報への信念を強めてしまうことさえあった。そこでフェイスブックは代わりに、より事実に基づいた「関連」ニュースを提案するようになった(37)。他のプラットフォームもこのようなタグを使用している。たとえばウィキペディアは、無料でオープンなオンライン百科事典をクラウドソースで提供するというすばらしい取り組みの中で、タグを有機的な要素の一つとして取り入れている。しかし論争のある、あるいは疑わしい品質のニュース記事にタグを付けることの効果を判断するには、さらなる研究が必要である。

二〇一八年三月、フェイスブックは圧力を受けて、外国やその他の匿名の介入から選挙運動の一体性を守るための一連の対策を新たに発表した。その中には、扇動的なデマをまき散らす主要な手段である偽アカウントを特定し無効化するための取り組みを加速させることも含まれていた。フェイスブックは、機械学習の発展を利用して、「毎日何百万もの偽アカウントを、害を及ぼす前の作成時点でブロックしている」と述べている(38)。

ソーシャルメディア企業にとってより大きな課題は、人工知能を用いてすべてのボットを探し出し、ブロックすることである。さらにフェイスブックは、偽情報から利益を得ようとしているスパマーが作成したコンテンツを降格させる（つまり、より低頻度で目立たないように表示する）ようにアルゴリズムを調整することで、偽情報を拡散する主な誘因の一つである金儲けを減らすよう取り組んでいると述べている[39]。また、「ボーダーラインすれすれのコンテンツが拡散されたり、エンゲージメントを得たりしないよう」、そのようなコンテンツを降格させると約束している[40]。

デマを特定する上で人工知能にも大きな期待が寄せられているが、できることには限りがある。偽情報との戦いには、依然として人間の判断が不可欠である。二〇一八年初頭、フェイスブックはコンテンツの審査やデジタルセキュリティの向上のために雇用する人員を、一万人から二万人に増員した（十一月までには、コミュニティ基準の施行と、毎日二百万件以上のコンテンツの審査を、総勢三万人のスタッフが行っていたと報告している[41]）。二〇一八年の中間選挙に向けてＡＰ通信と締結した協定を含め、虚偽のニュース記事をできるだけ早く特定し誤りを指摘すべく、ファクトチェック機関とのパートナーシップも深めているという。二〇一八年半ばまでに、フェイスブックはフランス、イタリア、インドなど十四カ国の主要報道機関と協力して、「ニュース記事、写真、動画に誤解を招くような情報がないかを精査」していた[42]。虚偽と認定されたストーリーはフェイスブックのニュースフィードで降格され、その後の閲覧は平均八十％以上減少するという。

グーグルも同様に、正確に「デマ、陰謀論、虚偽や攻撃的な情報にフラグを立てる」[43]ために、人間による審査と人工知能を組み合わせた措置を取っている。そして、グーグル検索のアルゴリズムを更新し、いかがわしい情報を押し下げ、より信頼できるニュースを優先するようにしている[44]。

しかし、二〇一六年のアメリカ大統領選挙でロシアが自社のプラットフォームを選挙介入のために悪用したことへのフェイスブックの対応は不十分であり、同社はその責任を認めていない。ニューヨーク・タイムズ紙の調査報道によると、マーク・ザッカーバーグとフェイスブックの最高執行責任者であるシェリル・サンドバーグは、「自社サイトでのロシアに関連した疑わしい活動」が広がっているという「警告のサインを頑なに無視」した上で、「世間の目から隠そうとした」という。さらには、ケンブリッジ・アナリティカ（トランプ陣営と提携していた政治データ会社）が、おそらく数千万人のフェイスブックユーザーのデータにアクセスしていたことが明らかになると、同社は「非難の矛先をそらし、事の重大さを隠そう」とし、他方でジョージ・ソロスのような批判者を、政治調査会社の助けを借りて皮肉な強硬手段で叩きのめした(45)。

ユーザーや一般市民に対して透明性のある対応をしなければ、インターネット企業が偽情報に対して効果的に対処することができないのは明かである。それでもこれらの企業は、自分たちが単なる情報の集約者や伝達者ではなく、事実上、コンテンツに対して何らかの責任を負うパブリッシャーであることを（少なくとも暗黙のうちに）認識している。しかし、（いわゆる）「コンテンツモデレーション」は、無責任な検閲へと向かう危険な坂道のようなものである。コンテンツモデレーターは人間であり、間違いを犯す。また、企業の機械学習アルゴリズムは、決定を行うための自動ルールを設定し、不公平を大量に再生産するような政治的・人種的偏見を組み込んでいる可能性がある。資金が豊富なアクターは、こうした企業の審査ルールを操作して「政敵を効果的に検閲」している。そして、個人やコミュニティからの苦情に直面したときはもちろん、権威主義体制からの激しい圧力に直面したときも、プラットフォームは抵抗を最小限にする道を選び、屈服している。そして人種差別、戦争犯罪、警察の残虐行為を記録しようとする活動家など、「さまざまな政治志向と世界にまたがる」声を封じ込めてしまうのである。(46)

オンライン上の自由を守るためには、コンテンツ規制のためのインターネット企業による取り組みが、透明性と説明責任に関する一定の基準を満たさなければならない。二〇一八年二月には、電子フロンティア財団、アメリカ自由人権協会、ニュー・アメリカといったインターネットの自由擁護団体が集まり、三つの原則を提示している。第一に、デジタル企業は、削除した投稿の数と、停止・解約をしたアカウントの数を定期的に公表すべきである。第二に、コンテンツを削除したり、アカウントを停止したりした場合、その理由をユーザーに伝えるべきである。そして第三に、このような決定に対して適時に異議を申し立てることができる仕組みを提供すべきである。(47)

課題の規模は驚異的である。二〇一八年十一月、フェイスブックは、ヘイトスピーチ、生々しい暴力、テロリズム、残虐行為、ヌード関連の「コミュニティ基準」に違反したコンテンツの削除について、年間の詳細な報告書を発表した。(48) 削除のほとんどはスパム（四十億個近く）と偽アカウント（二十億個以上）によるものだったが、二〇一七年十月から二〇一八年九月までの十二カ月間に、フェイスブックはテロリズム関連の投稿一五〇〇万件、ヘイトスピーチ関連の投稿一千万件近く、いじめ関連二百万件、ヌードや性的行為に関連する投稿約一億件に対して措置を講じていた。(49) したがって、どのような審査メカニズムであっても、コンテンツ削除の決定に対する膨大な数の異議申し立てを、企業の利益ではなく一般的な原則に照らして公平かつ機敏に審査する準備をしておかなければならない。

コンテンツへの決定に対するユーザーの異義申し立てを審理するために、フェイスブックは、「透明性と拘束力のある（中略）独立した組織」を設置することを約束している[50]。これは、公平性と透明性を高めるための大きな一歩となるだろう。しかし、より良いアプローチは、主要なインターネットプラットフォーム（フェイスブック、ユーチューブ、ツイッター、リンクトイン、レディットなど）が、コンテンツ削除の決定に対する異義申し立てのために、完全に独立した審査メカニズムに共同で出資することである。予想される大量の苦情を処理するには、このメカニズムにはフルタイムの専門スタッフと、さまざまな事例を担当する少なくともパートタイムの「審判」のパネルが必要だろう。そして彼らは、おそらく（多くの民主主義国での上訴裁判所の構造と同様）その事例が（将来の判例にとって）持つ重大性と潜在的な重要性に応じて、さまざまな規模の審査パネルに割り当てられることになるだろう。企業と市民社会の間のパートナーシップに基づくこのような自発的なイニシアティブの一つの価値は、政府によるコンテンツ規制（これは表現の自由を脅かす可能性がある）を求める声を予防できることである。

しかしこれらの問題は、どのような情報がトップに上がりバイラルになるのかを決定するアルゴリズムの根深い問題に本当に取り組んではいない。あらゆる主要インターネット企業が、ビジネスモデルの根幹と収益性に関わるこの非常にセンシティブな側面について、本当の意味での透明性と市民参加を認めるまでは、ひどいコンテンツが事実よりもつねに優位に立つことになるだろう。

幸いなことに、テクノロジー系セクター（営利・非営利を問わず）は、独立した調査や専門的なジャーナリズムにも投資している。オミダイア・ネットワークは、「調査報道に資金を提供し、オンラインでの誤情報や偽情報の拡散と戦い、市民の参加を高め、制度への信頼を回復するために」一億ドルのイニシアティブを発表している(51)。ニューヨーク市立大学の「ニュース・インテグリティー・イニシアティブ」は、一四〇〇万ドルを投じて、新旧メディアを問わず、メディア操作やオンライン上の暴言に対抗するための支援を行うことを目的としている(52)。グーグルは、偽ニュースに関する理解を深め、それに対抗するための学術的な取り組みを支援しているほか、「ファースト・ドラフト」の設立を支援し、偽ニュースや加工された動画に対抗するための研究、ファクトチェック、教育、トレーニングを行っている(53)。

このような地道な取り組みはまだ始まったばかりであり、インターネットの巨人たちが負う大きな責任を軽減するには程遠い。ソーシャルメディア企業は金銭的なインセンティブのために中毒的な注目を集めようとすることから、フェイクニュースは倫理的なニュースよりも早いスピードで拡散する。また、これらを迅速に訂正しなければならないという圧力がある一方で、これは正確性や網羅性の必要性と緊張関係にある。現在のところ、陰謀論やプロパガンダは検索エンジンやユーチューブのようなサイトに蔓延している。

事実を広めるためには、堅固なジャーナリズムが必要であり、とくに報道と社説執筆を区別した(そして、有料広告やスポンサー付きコンテンツとは明確に切り離す)、経営状況の良い公明正大な新聞社が必要である。また、ポリティファクト、ファクトチェック、スノープスなどの専門的なファクトチェック機関も中心的な役割を果たす必要がある。さらに、カリフォルニア州にあるサンタクララ大学の「トラスト・プロジェクト」のように、「ニュースの質を一般の人々が簡単に見分けられるようにする」ために、「ニュースの配信元、著者、記事の背景にある約束事」などの重要な情報を明らかにしようとする取り組みも参考になる。そして、フェイスブック、グーグル、ビングなどのデジタルプラットフォームは、こうした情報を利用して、信頼に足るニュースを優先的に表示することができる(54)。

ロシアと現実での戦争と、オンラインでの偽情報との戦いの両方に直面しているウクライナでは、市民団体「ストップフェイク」がジャーナリスト、編集者、IT専門家、翻訳者、一般市民を用いてクレムリンのプロパガンダを見つけ出し、反論している。海外の民主主義国や財団からの支援を受けて、ストップフェイクは、民主主義国における真実に対する最も激しい攻撃からウクライナの情報空間を守り、それによって市民のメディアリテラシーを高め、ウクライナのメディアがフェイクを見極める能力を強化しているのである(55)。

悪質な情報の影響力を弱めるためには、民主主義国はより多くの良い情報を生み出さなければならない。BBCの元幹部で現在はオミダイア・ネットワークのパートナーであるスティーヴン・キングは、「何よりも第一にわれわれの対応は、真実は存在し、貴重であり、しっかりとした報道と十分な情報に基づいた議論によって守られるという信念に基づいていなければならない」と述べている(56)。

外国の干渉と選挙工作への抵抗

外国人がアメリカの連邦選挙運動に寄付をすることは長らく違法とされてきたが、現在、彼らがオンラインで介入したかどうかを見分けることは困難になっている。これについては、ハイテク企業が多くの支援を行うことができる。

二〇一六年の騒動を受けて、フェイスブックは二〇一八年のアメリカ中間選挙での政治広告主に対して、政府発行のIDによる本人確認、物理的な郵送先住所の提供とその後の郵送での確認、そしてどの候補者、団体、または企業を代表しているかに関する情報開示を義務づけるようになった。これらの広告では、政治広告であることが明示され、誰が費用を負担したかが開示されるようになった。フェイスブックはまた、政治広告すべての公開アーカイブを立ち上げ、各広告にどれだけの資金が費やされ、どれだけ広く、そしてどの層の人々に閲覧されたか情報を公開している。すべてのソーシャルメディアプラットフォームは、あらゆる政治広告、および広告費を支払った団体に関する情報を、オンラインの公開アーカイブに最低一年間は掲載することを義務づけるべきである(57)。

ある意味では民主主義国は、選挙における外国のデジタル工作を見極める上で有利である。クラウドソーシングを通じて、一般のネットユーザーの協力を堂々と求めることができるからである。「プロパブリカ」の優れた調査ジャーナリストは、「ポリティカル・アド・コレクター」というクラウドソーシングツールを立ち上げた。ユーザーがこのソフトウェアをウェブブラウザにインストールしてフェイスブックにログインすると、ニュースフィードに表示された広告を自動的に収集し、どの広告が政治的なものであるかを判断する。これらの情報はプロパブリカに伝えられ、分析のため公開データベースに保存される(58)。

ソーシャルメディア企業は、国家プロパガンダ・チャンネルへのラベル貼りをさらに進めることができる。ロシアの事実上の国営メディアであるロシア・トゥデイやスプートニクのような権威主義国のネットワークを民主主義国が一律に禁止することは、望ましくない。しかし、少なくともプロパガンダであることを「識別し、ラベル貼りをする」ことはできる(59)。

ヘイトスピーチと不寛容に対抗する

サイバーの世界では、偏見やいじめがますます蔓延している。人工知能は、ヘイトスピーチ、個人攻撃、暴力やテロリズムへの扇動などを低減または除去するのに役立つ(60)。匿名や偽のアカウントを禁止することは、正しい政策である。人々は、自分の身元が知られていればより良い行動を取るが、憎悪的、もしくは攻撃的な投稿に対して責任を問われることがないと、抑制が効かなくなる。ただし、権威主義国では、匿名を禁止することには代償が伴う。実名で政府を批判する人々は大きなリスクを背負うためである。

ヘイトスピーチに対抗する上での問題は、技術的なものというよりも政治的・道徳的なものである。耐えがたいほど攻撃的な言動とは何か。不寛容な言葉を追放することは、どこまでいくと表現の自由という根本原則を脅かすのか。明白な暴力の扇動を禁止することにリベラルな民主主義者たちが同意できたとしても、あるグループが不快に感じるかもしれないコンテンツすべてを削除することは、検閲の世界に向かう危険な坂道である。

より良いアプローチは、企業や地域社会が憎悪に満ちた言論を非難し、疎外することである。アメリカの南部貧困法律センターは、個人や地域社会に対して、組織化された大規模な憎悪や不寛容の拡散者を非難するよう促している。しかし同時に同センターは、「ヘイトグループのメンバーと、対立のためのトークショーや公開フォーラムで議論してはいけない。あなたの存在は、彼らの正当性と知名度を高めることになる」とも助言している。(61)

ヘイトスピーチに対抗する最善の方法は、より良い言論、つまり偏見を排除し、マイノリティを擁護し、包摂性を促進するようなメッセージやストーリーを提供することである。デジタル領域でも物理的な世界でも、これらを同様に推進する必要がある。学校や市民団体で受容性、多元主義、そして多様性について思慮深く教え、真摯に模範化しなければ、サイバー空間でもこれらは広がらないだろう。

政府の規制と民主的価値の調和

ソーシャルメディアの民主主義に対する脅威がますます緊急性を増し、主要オンライン企業の対応が部分的に緩慢であることが明らかになるにつれ、政策立案者は何かをしなければならないプレッシャーにさらされるようになっている。しかし、政策立案者が潜在的な欠点を十分に理解していたとしても、危機的状況下での立法が賢明な政策を生み出すことはほとんどない。オンライン上の規制を急ぐことは、民主主義を益するより害する危険性がある[62]。

憲法修正第一条を広く解釈するアメリカでは、言論の自由は核心的な価値である。他国は、自由と良識との間で異なるバランスを追求している。ナチスの歴史を持つドイツでは、ヘイトスピーチに対する耐性が低く、市民はオンラインでのヘイトスピーチ規制のための行動を求めてきた。そして二〇一七年六月、ドイツ連邦議会はネットワーク執行法の制定によってその声に答えた。この法律はソーシャルメディアプラットフォームに対し、通知を受けてから二四時間以内に（ヘイトスピーチやホロコーストの否認を含む）「違法、人種差別的、または名誉毀損的なコメントや投稿を削除」しなければ、五千万ユーロ以下の罰金を課すことを義務づけている[63]。この法律は善意によるものではあるが、間違いである。広範囲かつ曖昧な内容であるため、重い罰則を回避すべく民間企業が検閲を行う側に回る可能性があるためである[64]。非リベラルな政府がインターネットの自由を制限することにますます躍起になっている現在、これは悪い前例となってしまっている。

民主主義政府は検閲を避けるべきであるが、オンライン政治広告に透明性を強制することは確実にできる。二〇一七年十月、マーク・ワーナー上院議員、エイミー・クロブシャー上院議員、およびジョン・マケイン上院議員は、テレビ、ラジオ、および印刷メディアに掲載されているキャンペーン広告の情報開示規定と同種の規定をソーシャルメディアに拡張する誠実広告法案を提出した。これにより大規模なデジタルプラットフォームは、外国人がアメリカの選挙運動に影響を及ぼす目的で広告を購入しないよう、「合理的な努力」をすることが求められる。また、前年に五百ドル以上を政治広告に費やした広告主については、完全なデジタル記録を公開しなければならない。ツイッター社はこの法案への支持を表明し、当初は同法案反対のロビー活動を行っていたフェイスブックもそれに続いた(65)。しかし、アトランティック・カウンシルの最近の報告書が論じたように、この法律はさらに進んで、外国人が「選挙戦における問題広告」に出資することを禁止し、ソーシャルメディア企業に「全コンテンツのスポンサーと資金提供者を明確にする」ことを義務づけ、連邦選挙委員会にこれらの新しい規定を執行する権限を与えるべきである(66)。

立法者には、オンライン上でのプライバシー保護のためにもっとできることがある。二〇一八年五月に施行されたEUの一般データ保護規則により、ユーザーは自分の個人データをよりコントロールできるようになった。デジタルプラットフォームやハイテク企業は、もはや「他人の個人情報がたまたま自社のサーバーに置かれているというだけで、自分のものである」かのように振る舞うことができなくなった(67)。現在では、ヨーロッパのユーザーの身元を（暗号化などにより）保護する形でデータを保存し、ユーザーの明示的な同意なしに個人情報が他人に利用されることのないよう、最高レベルのプライバシーをユーザーオプションでデフォルト設定にしなければならないこととなっている。企業は、ヨーロッパのユーザーに対し、個人情報の利用をコントロールするため継続的かつ明確で、アクセス可能な手段を提供しなければならない(68)。また、さまざまな状況下で、企業は要求に応じてデータを削除する「忘れられる権利」をユーザーに与えなければならない。個人情報の漏洩があった場合には、七二時間以内にユーザーに通知しなければならない。そして、ユーザーの個人データが盗まれたり悪用されたりした場合には、より重い法的責任と、より厳しい罰金が科せられる。

ヨーロッパ人の新しい法的権利を不注意に侵害しないように、ＥＵのこの新しい基準をグローバルに採用するハイテク企業がある一方で、法令遵守にかかるコストに不満を持ち、手を引いた企業もあった。ＥＵの新基準実施が近づくにつれ、フェイスブックはアジア、アフリカ、ラテンアメリカのユーザーをアイルランドの管轄から外し、規制の保護対象外にしたのである。(69) 残念ながら、現在のところ世界の民主主義国市民は、それぞれ全く異なるレベルのデジタル・プライバシー保護を受けている。

これらはすべて、主要インターネット企業のとんでもない巨大さと力に対する不安が高まる中で展開している。多くの政治家や評論家は、大手ハイテク企業、とくにオンライン広告収入の八五％を独占していると言われるフェイスブックとグーグルを解体することを提案している。これらの巨大企業による市場支配と、それに対するわれわれの完全な依存は、これらの企業に公共事業のような性格を与えており、政府による規制は避けられないものとなっている。ワーナー上院議員が提案したように、これら企業の最もあからさまな反競争的慣行の少なくともいくつかには、対処すべきである。(70)

なかにはさらに踏み込んで、独占禁止法の適用を主張する者もいる。ただし彼らは、二つの警告を考慮するべきである。第一に、人工知能を用いてボット、トロール、偽アカウント、悪意のあるアクターなどを追跡、追放、降格させるためには、今後も大規模な技術投資が必要になる。そして、こうした戦いにおいて必要となる技術革新や人間による監視に大規模な投資を行うには、超大企業がはるかに有利な立場にある。第二に、欧米の主要なハイテク企業は、アリババやテンセントといった中国の大企業との間で世界的な競争の激化に直面している。そしてこれらの中国企業は、完全な民間企業ではなく、中国共産党という最大の独占的プレイヤーに服従する存在なのである。開放性や多元主義という民主的価値に少なくともある程度敏感である欧米企業が、この競争においてハンディキャップを背負わされるべきではない。

デジタル市民を教育する

たとえハイテク企業、独立系メディア、民主主義国政府がソーシャルメディアの危険性に対抗するためにあらゆる努力をしたとしても、ある大きな脆弱性が残っている。その脆弱性とは、ユーザー自身である。安全に、懐疑的に、そして礼儀正しくインターネットを使用するように市民を教育しなければ、インターネットを民主主義にとって安全な場所にすることはできない。

最近の調査で、アメリカの中学生から大学生までの若者は、オンラインで目にする情報の信憑性を判断する能力が著しく欠如していることがわかっている。スタンフォード歴史教育グループのサム・ワインバーグとサラ・マクグルーという二人の著名な研究者が約八千人の学生を調査した後、次のように述べている。「どのレベルにおいても、学生の準備不足に愕然とした。中学生は広告とニュース記事との区別をつけることができず、高校生はミネソタ銃所有者政治活動委員会が作成したデタラメの図を額面通りに受け取り、大学生は.orgのトップドメイン名をあたかも優良印かのように疑いなく受け入れていた(71)。

この問題の主な原因は、若者が「市民的オンライン推論」と呼ばれる訓練を受けていないことにある。今日の学生がメディアリテラシーの指導を受ける範囲では、十から三十程度の質問（たとえば、ウェブサイトに連絡先が掲載されているか、専門的に見えるかなど）のチェックリストを使ったものになりがちである。このようなチェックリストは、最も安っぽく粗悪なフェイクを見つけ出すには有用かもしれないが、独立した研究機関と洗練されたロシアの前線活動を区別する助けにはならない(72)。

チェックリストアプローチの問題は、あらゆる年齢層の人々がインターネットを使用するやり方にある。われわれは、サイトが提供する範囲内でより多くの情報を収集しようと、ウェブサイト、ページ、記事を掘り下げながら偏狭的な姿勢で読んでいく。しかし、それによってしばしばウサギの穴のような錯覚の世界に深く入り込んでしまうことになる。

権威の装い、文章の外観、高品質なグラフの魅力といったサイトの他の表面的な特徴に応じて、より騙されやすくなることがある。真のデジタルメディアリテラシーへの鍵は、読者が特定のウェブサイトや記事から一歩外にでて横方向に読むこと、つまり、新しいタブ（複数タブだとさらに良い）を開き、人物や組織、そしてその適正、資金元、信憑性をそれぞれチェックすることだと、ワインバーグ、マクグルー、およびスタンフォード歴史教育グループの同僚たちは論じている。

これは、プロのファクトチェッカーがオンライン情報を評価するために使用する方法であり、オフラインの世界でニュアンスに富み、忍耐強く、寛容な態度を生み出す物理的な相互作用パターンと非常に似ている。しかし、このような方向にネットをナビゲートするには、未知の情報源に対する懐疑心、批判的手法の受容、受動的ではなく能動的にインターネットを利用することを強調するようなトレーニングと文化的な方向転換が必要である。これらがオフラインの民主主義文化の核となる特徴でもあることは、偶然ではない。

ワインバーグやマクグルーらは、より責任感のあるデジタル市民を育成するために、他のステップも推奨している。一つは、検索エンジンの結果を見極め、選択的に利用する消費者となるよう、学生を訓練することである。もう一つは、ウィキペディアを「オンラインでの調べ物に有用な出発点」として、そしてさらに読み進めるための貴重な参考文献の情報源として、十分な情報に基づいた上で疑問を持って利用することである[73]。また、真の支援者を偽装し、誤解を招く情報を提供する悪質なウェブサイトに注意深く接することで、オンライン上の欺瞞に対する免疫力をつけることができる[74]。

オンラインメディアリテラシーの指導は、高校入学前の早い時期から始める必要がある[75]。高校の授業では、ストーリーがどのようにして広まるのか、フィルターバブルがどのように人々を分断するのかを教えているところもある。生徒たちは、他の教科で学んでいるのと同じように、証拠の尊重、統計学の基礎、批判的推論などができるよう、オンラインでの活動を強化する必要がある[76]。

大人にも同様の教育プログラムが必要である。責任感を持った分別のあるインターネットの使用法について、公立学校や図書館などで無料講座を提供すべきである。そして、政治指導者や市民団体は、ソーシャルメディア上でより礼儀正しく、思慮深い行動を取るよう、あらゆる年齢層の人々に働きかけるべきである。最近、ワインバーグはある教育者グループに対し、「責任あるデジタル市民であることが何を意味するのかについて、まだ十分な共通認識がないが、自分の偏見に合致するからといって、とんでもないニュースを転送したり、リツイートをしたりしてはいけない。われわれはこれをデジタルポイ捨てと捉え、四十年前に物理的なごみのポイ捨てに反対したように、反デジタルポイ捨てキャンペーンを開始する必要がある」と語った(77)。

ウェブ上の自由を守る

自由のためのグローバルな戦いは、インターネットの自由のための戦いと切り離せない。世界中の民主主義国は、この信条を外交や対外援助の主要テーマにする必要がある。オフラインの世界で市民の権利を侵害した国家が訴えられ罰せられるべきであるのと同様、インターネットの自由を制限することにも結果が伴うべきである。

自由民主主義国は、他国政府に対して、政治的目的のためのインターネットサービスの中断や減速をやめさせ、報道機関や市民社会団体へのデジタル攻撃をやめさせ、オンラインジャーナリストや活動家への嫌がらせや物理的な攻撃をやめさせ、「シグナル」のような暗号化された通信アプリを使用する市民を罰するのをやめさせ、フェイクニュースを広めたり、反対派を悪者にしたり、オンライン上の議論を歪めたりするようなロシアや中国式の国家プログラムを終わらせ、「サイバーセキュリティ」の名のもとにオンラインの自由を制限する厳しい法律を撤回させるよう、圧力をかけるべきである。

デジタル領域での自由を守るためには、その最前線にいる人々をサポートする必要がある。危険にさらされている個人や組織は、技術的な支援を必要としている。長年にわたり、非営利団体や民間企業は、時にはアメリカや他の民主主義国の援助を受けながら、デジタル検閲を回避するためのツールを開発してきた。たとえば、ウェブプロキシを使ってブロックされたウェブページにアクセスしたり、仮想プライベート・ネットワーク（VPN）を使って匿名性を保ちながら検閲の壁を潜り抜けたりしている。技術的に洗練された専制国家がこれらのツールを鈍らせようとする中で、それらを鋭く保ち続けるためには、絶え間ない技術革新が必要である。

グーグルの巨大な企業構造内にあるテクノロジー・インキュベーターであるジグソーは、この種のイノベーションの中でも最も有望なものを開発している[78]。その一つである「プロジェクト・シールド」は、グーグルの巨大なデジタルインフラを利用して、独立系の報道機関、人権団体、民主主義団体に対して、DDoS攻撃からの「多層防御システム」を無料で提供している。「パスワード・アラート」は、ジャーナリストや活動家のパスワードを盗もうとする行為を警告する、クロームブラウザーの無料拡張機能である。「アウトライン」は、脆弱なジャーナリストや報道機関が独自のVPNを迅速かつ安全に構築するための無料のダウンロードツールである。

他にも主要なイノベーターとして、サンフランシスコに本拠を置く非営利団体である電子フロンティア財団がある。この財団は、多くの主要なウェブサイトとユーザーとの通信を定期的に暗号化するHTTPS Everywhereや、スパイ広告や目に見えないトラッカーをブロックするプライバシー・バジャーといった便利なツールを提供している。[79] この章を読んで心配になったなら、これらの安全策のいくつかをダウンロードするとよいだろう。

市民、企業、悪人、そして国家は複雑に絡み合い、インターネットが人類の自由を前進させる場となるのか、それともそれを制約する場となるのかの答えを、つねに変化させ続けている。自由な社会は、イノベーションへのオープンな姿勢によって多くのデジタル革命を生み出してきており、勝利を収めることができる立場にある。しかしそれは、世界中の民主主義国が財源、技術革新、外交資本、勝利への道徳的決意を持ち合わせている場合に限る。自由な社会の生存が掛かっている。

第13章
アメリカ民主主義の復活

ここでわれわれが問題に立ち向かわなければ、世界の誰もそうしないだろう。もし失敗すれば、世界中で進歩主義者から心が離れていってしまう。

——エレノア・ルーズベルト、「民主的行動のためのアメリカ人」設立演説（一九四七年）(1)

アメリカの民主主義に見る衰退を食い止め、復活させない限り、ロシアから吹く蝕まれた風の猛威、中国の機会主義、そして権威主義的なポピュリズムに打ち勝つことはできない。ジョージ・ケナンは半世紀前、一九四六年のモスクワからの長文電報の終わり近くで、先見の明のある一節を記し、この点を指摘している。「社会の内部問題を解決し、自国民の自信、規律、モラル、共同体精神を向上させるための勇気ある鋭い措置は、千枚の外交文書や共同声明にも値する、モスクワに対する外交的勝利のようなものである」[2]と。

アメリカの民主主義を再び偉大なものにするためには、党派やイデオロギーの垣根を超えて、ドナルド・トランプ大統領が意図的に解き放った真実、科学、報道機関、司法制度、移民、マイノリティ、政府機関、そして民主主義の同盟国に対する攻撃に対して、真っ向から立ち向かわなければならない。彼の非リベラルな行動と権威主義的傾向を押さえ込むことは、現在われわれの民主主義システムにとって最も重要な課題である。

しかし、われわれは鏡の奥深くを見る必要がある。アメリカの民主主義に見られる衰退は、トランプの当選から始まったわけではない。オバマ大統領の正統性とアメリカで生まれたという事実を疑問視する欺瞞的で人種差別的なキャンペーンによって、トランプがそれよりもかなり以前から衰退を加速させていたのは確かではあるとはいえ、である。連邦議会や州議会の共和党員の多くが近年、何としてでも勝利を得ようと民主主義の原則を破ることをとくにいとわなくなっているとはいえ、民主主義の規範や制度の侵食は一つの政党だけから生じるものでもない。統治を麻痺させ、市民生活を低下させる政治的分極化は、イデオロギー、政党、地域を横断する多くの要因とアクターによるものである。トランプ現象は、このプロセスの頂点かもしれないが、全体ではない。

複雑な社会的、技術的、経済的影響が、アメリカの民主主義における分極化と衰退を促進している。私はこれらの問題すべてに対する回答——たとえば、経済的不平等を是正したり、制度的人種差別と闘ったり、容赦ない自動化に直面している中で意味のある新しい雇用を創出したりする方法など――を持っているようなふりをするつもりはない。

ここでは、政治改革と市民の警戒に焦点を当てよう。私が最もよく知っていることだからである。政治プロセスを修正しなければ、アメリカ社会をより公正にし、アメリカ経済をより活気のあるものにするための実質的な改革を行うことはできない。そして、いくつかの見込みのある有望な政治改革のアイディアは、短期的・中期的に実現可能になってきている。

本章では、民主主義の苦境に関する七つの改善策を議論する。第一に、有権者により多くの選択肢を提供し、政治家に節度、礼節、そして妥協のインセンティブを多く与えるためには、政治家の選出方法を変更する必要がある。第二に、非民主的な惨劇を引き起こすゲリマンダーを除去する必要がある。第三に、投票権を拡大し、党派的な有権者抑圧の取り組みを除去する必要がある。第四に、選挙人団のシステムをやめ、大統領を公正に選出する方法が必要である。第五に、上下両院をよりよく機能させるためには、連邦議会の規則変更も必要である。第六に、説明できない政治に関わる金銭の流れを減らすためには、選挙運動資金およびロビイングの改革が必要である。そして第七に、外国の妨害工作から投票システムを守る必要がある。これらそれぞれの目的を達成するための非常に実用的なアイディアが、現在拡大している。そのいずれも憲法改正を必要とせず、ドナルド・トランプのような者が大統領であっても真剣に追求できるものである。

民主主義の問題が拡大しているという本書の分析が暗いものに見えても、未来もそうであるとは限らない。トランプに対する失望を少なからず原因としてアメリカ社会において市民から湧き出てきている改革派のエネルギーは、心強いものである。

われわれは新たな改革の時代に突入しているかもしれない。そういう期待の兆しがアメリカにはある。十九世紀後半から一九二〇年までの初期の時代と同様、現在見られる期待の兆しは、集中した富、責任を取らない権力、深刻化する汚職、あからさまな公共利益の支配に対する広範な社会的反発によって引き起こされたものである。進歩主義時代と同様に、経済的公平性、特別な利害関係者や権力者の権力抑制、そして活発で開かれた民主主義を求める声が、若干混乱をきたしながらも拡大しつつある。一世紀前には、これと同様の感情を持った人々が動員され、女性参政権、専門的な行政機関、上院議員の直接選挙などを達成し、独占を規制し、森林を保護し、食品や医薬品の品質を守る新しい連邦機関を実現した。

進歩主義時代に行われた重要な改革の一つに、投票イニシアティブがある。これは州内の選挙人に対して市民が直接政策改革を働きかけられるようにするものである。投票イニシアティブは時に行きすぎることがある。私の住むカリフォルニア州では、コストのかかる投票イニシアティブが乱発されたため、二〇一四年に修正が行われ、イニシアティブ推進者と州議会との間で投票前に合理的な妥協をすることが可能になった。(3) とはいえこのイニシアティブは、時代遅れの規則を変え、アメリカの民主主義を活性化するために市民が持っている最も有望なツールの一つであることに変わりはない。人々は実際にこれを使って歴史的な改革を実施しており、なかでもメイン州ほど有望な例はない。

優先順位付投票制を求める戦い

カーラ・ブラウン・マコーミックは一九六八年に生まれたが、それはデモ、暗殺、社会的大変動に見舞われた波乱の年であった。彼女の父ロジャー・グレン・ブラウンはＣＩＡの中国担当アナリストで、アメリカの中国承認を求める論文を発表して政治的なトラブルに巻き込まれた人物である。母親は一九七四年にリチャード・ニクソン大統領の弾劾を求めるデモ行進を行っており、それがカーラの最も古い政治的記憶でもある。「アメリカはすばらしい国だが深刻な欠陥もあると思って育った」、「嘘をついてはいけない国で、ニクソンは自業自得であった。腐敗があり、それは許されるものではなかった」、と彼女は回想している(4)。カリフォルニア大学ロサンゼルス校（ＵＣＬＡ）を卒業後、彼女は民主党の選挙運動に携わり、政治コンサルティング会社に入社した。その会社に昇給を拒否され退職し、主に民主党候補を対象とした自分の会社を立ち上げた。カリフォルニアからメイン州に移り、結婚して子供をもうけたが、会社と地道な政治運動への関与は続けた。

マコーミックは、アメリカの政治に頭を悩ますようになっていった。「有権者は両極端からの選択を余儀なくされている」、と彼女は私に言った。「政治は二重構造になり、国を滅ぼしている」、と。二〇一〇年、彼女はメイン州知事選挙の無所属候補、エリオット・カトラーのもとで働いていた。しかし、選挙戦の終盤が近づくと、一部の民主党員は、「票を無駄にする」との不安を抱き、カトラーから離れていった。カトラーは、ドナルド・トランプの不気味な前兆ともいえるポール・リページに僅差で敗れた。

マコーミックは二〇一四年、カトラーの州知事選挙運動に再び協力した。メイン州の左派系有権者は、全米黒人地位向上協会に対して「俺のケツにキスをしろ」と言ったり、内国歳入庁をゲシュタポに例えたりするような、[5]「好戦的で口汚く、分裂を促す知事」の再選を手助けすることになってしまうのではないかと、無所属候補に無駄な票を投じることを恐れていた[6]。結果として、リページが二〇一〇年よりも多数の票を獲得して当選した。マコーミックと多くのメイン州市民らは、期待された無所属候補であったカトラーの得票を二度も阻んだ「妨害候補問題を解消する唯一の方法」は、「即時決戦投票」（選挙の専門家が呼ぶところの優先順位付投票制）しかないと考えた。

第2章で述べたように、優先順位付投票制のもとでは、人々は単に第一希望の候補者に投票するのみではない。そうではなく、候補者を好みの順に順位付ける。候補者が絶対多数を獲得しない場合は、第一位の投票数が最も少ない候補者が落選し、その候補者を支持する人たちの第二位の票が残りの候補者に再配分される。このプロセスは、誰かが過半数を獲得するまで続く。

これは洗練された、真に民主的なアイディアである。投票は無駄にならない。投票者が支持する候補者が敗れても、投じられた票が示す次点の選択が活かされるためである。有権者は複数の候補者の利点を比較考量することができ、候補者は自身のライバルを支持する支持者から第二、第三位の票を投じてもらえるよう、訴えなければならない。

マコーミックは、カイル・ベイリーをはじめとする、メイン州にいた他の独創的な穏健派と協力した。ベイリーは、二〇一二年に全米で初めて投票で同性婚を合法化したメイン州のイニシアティブを運営した人物である。これらの改革派は、メイン州における州選挙と連邦選挙（大統領選挙を除く）に優先順位付投票制を導入するイニシアティブを立ち上げ、この改革の是非を二〇一六年十一月に住民投票で問うのに必要な六万人超の署名を集めることに成功した。「恥ずべき人物」と広く見られていたリページに長年悩まされた後にあって(7)、メイン州の人々は選挙制度改革の準備ができているようであった。

マーガレット・チェイス・スミス、エドモンド・マスキー、ウィリアム・コーエン、オリンピア・スノー、そして現在ではスーザン・コリンズやアンガス・キングなどの名だたる上院議員を擁し、長く中庸を重んじる州であり続けてきたメイン州は、優先順位付投票制の絶好の舞台であるように思われた。アメリカの政治的分極化をなくそうとする全国の慈善家や活動家の支援を受けて、キャンペーンは信頼、ボランティア、資金、そして支持を得た。二大政党の主流派、とくに共和党員が大規模な反対を見せたが、優先順位付投票制は二〇一六年の住民投票で五二％対四八％で支持される結果となった。

これで改革は成功したかに思われたが、それは始まりに過ぎなかった。メイン州の共和党は、優先順位付投票制の実施を阻止し葬り去るために断固としたキャンペーンを開始した。州内民主党員の多くも、無所属候補に知事の座を奪われることを嫌って、公然と、あるいは密かにキャンペーンに参加した。党の主流派は、新しい優先順位付投票制は有権者を混乱させ、実施にはコストがかかり、さらには（どういうわけか）非民主的であると主張した。なかには、そのような混乱は投票率を低下させると警告する声もあった。

こうした主張のいずれも、エビデンスと一致しない。優先順位付投票制はアメリカの約十の自治体や、オーストラリア議会の下院選挙において一世紀以上の間、そして最近ではアカデミー賞の作品賞投票でもうまく機能している。そのため、反対派は途中でアプローチを変えた。二〇一六年にメイン州で有権者が優先順位付投票制を支持する結果となったことを受けて、反対派はこの制度がメイン州憲法に違反していると主張した。同州の憲法は、州の一般投票について相対多数（plurality vote）で決定されなければならないと定めていた（訳注―優先順位付投票制は相対多数で当選を決せず、過半数を求めることが違憲との主張）。二〇一七年五月の勧告的意見において、メイン州の最高裁判所はこれに同意したが、すべての予備選挙と連邦上院・下院一般投票における優先順位付投票制の使用は維持した。州議会はこれに対し、優先順位付投票制を完全に廃止しようと動いた。そして二〇一七年十月、州憲法が何らかの形で改正されない限り（議員たちは改正されないとわかっていた）、あらゆる選挙での優先順位付投票制の使用を停止し、二〇二一年十二月以降は永久停止とする法案を可決した。

しかし、メイン州の人々がこれに静かに目をつぶることはなかった。アメリカ全州の中でもユニークなことに、メイン州憲法は「人々の拒否的住民投票（people's veto referendum）」と呼ばれるものを規定しており、これにより、登録済み有権者が六人いれば、法案拒否の提案をメイン州務長官に提出することができる。そして会期終了から九十日以内に、住民投票の実施に必要な有権者の署名（現在は六万一〇〇〇人以上が必要）を集めることができる。

州議会は二〇一七年十月二三日の真夜中に、それだけのために召集された一日だけの特別議会で、優先順位付投票制を停止する有害な法案を可決した。これにより、優先順位付投票制を救うための住民投票は、（この投票制の支持者である）無党派層が投票する候補者を持たず、彼らが投票する可能性が低いと思われる予備選挙の真っ只中に行われることになった。改革派による草の根の署名活動は、感謝祭、クリスマス休暇、そしてメイン州の厳しい冬の只中に行われることになった。

改革派は、マシュー・ダンラップ州務長官の遅延行為や、優先順位付投票制の復活が同制度への賛成を意味するのか反対を意味するのかが判断できないような投票用紙の文言にも悩まされた(8)。しかし法案拒否を求める草の根のキャンペーンは、州全体の印刷屋に電子的に請願書を送り、ボランティアの収集者に届けた。十一月七日の市議会選挙の日には、優れた組織力と決断力により、ボランティアが投票所の外に立って有権者から三万三〇〇〇人の署名を集めるに至った。

十二月から一月にかけては、ポートランドの最高気温が氷点下になるような厳しい寒さのなか、約一八〇〇人のボランティアが署名を集め続けた。「毎週のように吹雪が続き、爆弾ブリザードと呼ばれる気象現象もあった」とマコーミックは振り返る。「指は骨まで凍りつき、車の中で暖を取らなければならなかった」という。有権者からは、「一年前に投票したはずではないか。なぜまた署名しなければならないのか」と問われた。

メイン州の主流派によるごまかしは彼らをいらだたせたが、同時に奮い立たせもした。一回目の投票では優先順位付投票制に投票しなかった人やオピニオンリーダーでさえも、二回目には投票した。選挙の仕組みの問題だけでなく、政治家が民意を踏みにじることができるのかどうかが問われていたのである。

二月二日の請願書締め切りまでに、優先順位付投票制の支持派は七万七〇〇〇人という十分な数の署名を提出した。その後の住民投票キャンペーンでは、女優のジェニファー・ローレンス、ニューヨーク・タイムズ紙編集委員会(9)、ノーベル賞受賞経済学者二名の支持をも得た(10)。民主主義の改革を求める全国の慈善家などから、キャンペーン用に百万ドル以上の資金も集めた(11)。「フィッシュ」のドラマーで、リンカーンビルに住むジョン・フィッシュマンは、支援のためのコンサートを開催した。

署名が認証されると、メイン州の有権者は、優先順位付投票制を再び使用するかどうかを人々の拒否的住民投票を通じて決定する機会を得ることになる。二〇一八年六月十二日にメイン州の有権者が投票所に向かうと、レページ州知事は優先順位付投票制を、テロリズム、オピオイド危機、北朝鮮の核兵器などよりさらに「世界で最も恐ろしいもの」だと述べた。レページは、そのような選択肢を法的に保持してはいないにもかかわらず、選挙を認証しないと脅迫した(12)。

人々の拒否的住民投票は、八ポイント差で勝利した。二〇一六年に優先順位付投票制が勝利した際よりも二倍の差であった。マコーミックは後に私にこう語った。「われわれが勝利したとき、奪われたものを取り戻し、権利が守られたと感じた。しかしそれ以上に嬉しかったのは、民主主義は単なる机上の空論ではなく、生きた実践であり、献身を必要とするものでもあるということをお互いに証明できたことである」、と。[13]

二〇一八年十一月、優先順位付投票制に対する人々の信頼の正しさが裏付けられ、メイン州はアメリカ史上初めて、優先順位付投票制で議員を選出した州となった。メイン州下院第二選挙区の接戦では、三六歳の海兵隊退役軍人であるジャレッド・ゴールデンが、第一順位の投票数でわずかに後れを取った状態から、共和党の現職のブルース・ポリキンを破るに至った。僅差での勝利は、支持が集まらなかった無所属候補者二名に対する票がゴールデンに移ったことによるものであった。改革への最後の抵抗として、ポリキンは連邦裁判所に対して優先順位付投票制による集計停止を求めたが、連邦判事は彼の訴えを却下した。

メイン州での優先順位付投票制の勝利は、この制度に対する全国的な関心を集めた。ちょうどその頃、多くの自治体、政治学者、[14]思慮深いメディア、[15]財団、[16]そして改革派の人々が、[17]優先順位付投票制について、アメリカの政治を市民的、民主的、そして妥協可能なものにする上で最も有望で達成可能な改革と見なすようになっていた。

その論理には説得力がある。無駄な票をなくすことで、アメリカ政治の中心にいる無所属候補が出馬しやすくなるほか、壊滅的でゼロサム的な党派争いに嫌気がさした有権者にとっては救済となる。無所属候補者が投票の第一ラウンドで敗退しても、市民は優先順位のより低い、より党派的な既定路線に戻ることができる。第三党の候補者も同様に「妨害候補者」というレッテルを貼られることなく、真剣に有権者にアピールする機会を得ることができる。これらはすべて選挙をより公正に、より競争的に、そしてより興味深いものにし、節度あるものとする。

また、優先順位付投票制では、極端な候補者が予備選挙で党の指名を獲得することが難しくなる。そのような候補者はそれでも通過する可能性はあるが、細分化された競争の中で、最も過激な有権者のごく一部にアピールするだけでは、一般投票で当選することはできない。

優先順位付投票制は、テキサス州のように党の予備選投票で過半数の票を獲得した候補者がいない場合に二回目の決選投票を義務づけている州において、この制度に内在する問題も解決する。投票率の低い決戦投票では、最も熱心な有権者を動員することが重要となり、彼らはイデオロギー的に最も極端になる傾向がある。たとえば、二〇一〇年の共和党上院指名獲得のための決戦投票では、このダイナミズムにより、過激な候補者であるテッド・クルーズが二位の状態から、より中道的なテキサス州副知事を破って当選した。ニューヨークのように非常に民主党寄りの州や、ミシシッピのような非常に共和党寄りの州では、党の指名が事実上の選挙結果に等しく、そのような州ではとくに、予備選挙において優先順位付投票制を用いることはとくに意味がある。

ほとんどの州や地区では、本戦で優先順位付投票制を使用することで、候補者は自分の地盤を広げ、さらにその地盤を超えた層にアプローチすることが必要となる。そしてそれはまさに、多くのアメリカ人が望んでいることである。非常に共和党寄り、もしくは非常に民主党寄りの州でも、優先順位付投票制は新たな種類の競争へと可能性を開くかもしれない。たとえば、実際の競争は二大政党間ではなく、ティーパーティー系共和党員と、保守的ながらもほとんどの無党派層票と穏健な一部の民主党員票、共和党員の一位票に加えてほとんどの民主党員の二位票を獲得するのに十分なほど穏健である無所属候補との間で起こる場合などである。有権者や政治家が優先順位付投票制のもとで変容した選挙政治の論理に慣れるにつれ、非常に共和党寄りの南部の州や非常に民主党寄りのカリフォルニアのような州で、上院議員や知事の競争的なレースが再び見られるかもしれない。

優先順位付投票制はまた、政治の健全化にもつながる。この制度下では結局、複数の相手に対して「否定的になる」ことが難しくなる。とくに、後になって対立候補の支持者の第二、第三希望の票が必要になるだろうと考えている場合はなおさらである。優先順位付投票制を導入している都市の有権者は、これを導入していない都市の有権者に比べて、選挙戦を否定的に捉えていない(18)。

専門家の中には、優先順位付投票制というやや複雑な投票方法が、投票率を低下させ、少数派有権者の意欲を削ぐのではないかと懸念する者もいたが、この方法を採用したカリフォルニア州の各都市では投票率の低下は見られず、少数派候補者の当選率が著しく増加している(19)。二〇一八年に行われた三つどもえの刺激的な市長選では、サンフランシスコ市は初めてアフリカ系アメリカ人女性（ロンドン・ブリード）を選出した。彼女はまた、三人の候補者の中で最も穏健であった。

論理的には、優先順位付投票制は、多様な有権者の関心を引くような幅広い候補者による厳しい競争を生み出すため、投票率を高めるはずである。エコノミスト誌によれば、「アメリカの二六都市で行われた七九の選挙を対象にした調査」で明らかになったのは、優先順位付投票制は「優先順位付投票を行わない予備選挙や決選投票と比較して投票率が十%上昇し、サンフランシスコの予備選挙ではここ数年で最も高い投票率を記録した」[20]ということである。このような投票制度は特効薬ではないが、かなりの前進をもたらすものであり、全米で勢いを増すべき運動である。

活力ある中道

アメリカの政治を破壊的に分極化させているのは、政治家が強い政治観を持っているからではない。彼らは、たとえ歩み寄ることが今日の慢性的な膠着状態よりも国のためになるとわかっていても、妥協することを恐れているのである。政治家が恐れているのは、政策結果の悪化ではない。彼らが恐れているのは、元下院議員のミッキー・エドワーズが言うように、「最も熱心で、最もイデオロギー的な有権者の強力な磁石となっている」投票率の低い党予備選挙で、再指名を目指しても負けることである。[21]

この問題は、トランプ大統領の就任で実存的なレベルに達した。ジェフ・フレークやボブ・コーカーのような穏健な共和党上院議員が二〇一八年の再選を目指して立候補することを辞退したのは、政治への関心を失ったからではなく、二〇一八年にほとんどの共和党の指名競争で確認されたように、アメリカのカエサルたるトランプと彼の世界観に対する隷属的な忠誠心がなければ、予備選挙での戦いに勝てないことを痛感していたからである。予備選挙システムは、アメリカの民主主義における主要な問題の一つとなっている。

一つの明確な解決策は、予備選挙と本選挙で優先順位付投票制を用いることである。これにより、現職議員が党是から離れても再指名や再選を獲得しやすくなるはずである。しかし、このような改革を行っても、投票率が低い予備選挙において、相対的に穏健派の議員が純粋派の怒りを免れるのには十分でないかもしれない。より多くの有権者が投票しやすい日に予備選挙を行うことで、投票率が高まるようにすることもできる。また、予備選挙で敗れた現職議員には、本選で無所属候補としての出馬を認めることで、再選への道を開くことも検討すべきである。

しかし、全米五十州のうち四六州では、「悪しき敗者（sore-loser）」と呼ばれるルールによって、現在その道が閉ざされている。(22) このルールは、党の予備選挙で敗北した候補者の名前が本選挙の投票用紙に載ることを防ぐものである。連邦議会の現職議員が予備選挙で敗北すると、議員生命の存続はほぼ絶望的になる。このことが原因でトランプ政権下における上下両院の共和党員は、トランプと同じ歩調を取るか身を引くしかなかった。しかし、各州が優先順位付投票制を採用し、悪しき敗者ルールを廃止すれば、現職議員の中には気骨を見せる者も出てくるかもしれない。党の予備選挙で敗北しても、本選挙では無所属候補として出馬できる可能性があることを知っていれば、彼らは自分の立場を守り、過激派の潮流と戦う勇気を持つかもしれない。

また一部の専門家は、優先順位付投票制を「比例代表制」と組み合わせることを提案している。比例代表制とは、多人数区の議席を各区での投票率に応じて政党に割り当てる制度である。このシナリオでは、有権者は個々の候補者ではなく、政党から立候補した（そして場合によっては無所属の）候補者名簿に順位をつけることになる。二〇一七年には、ダン・ベイヤー下院議員と民主党の同僚二名が、アメリカ議会への同制度導入を提案した。彼らが提案した公平代表法は、大きな州には三人から五人の議席から成る大選挙区を設け、比例代表制と優先順位付投票制を使って当選者を選ぶというものだ。これには、ニューヨーク・タイムズ紙の論説委員でありコラムニストであるデイヴィッド・ブルックスも関心を寄せている(23)。

このような制度は、人々の公平感に訴えかけるものである。下院の九議席すべてが民主党員に占められているマサチューセッツ州のような州では、三議席の選挙区が三つの比例代表制を採用すれば、共和党が二、三議席を獲得する可能性が高い。アラバマ州とサウスカロライナ州では、それぞれ共和党が六議席、民主党が一議席を持つよりも、公平なバランスを保つことができるだろう。二〇一六年と二〇一八年に民主党が投票の四二%、四八%を獲得したにもかかわらず下院の十六議席中四議席しか獲得していないオハイオ州では、より均等なバランスに近づくであろう。実際、三人以上の議席があるほとんどの選挙区では、二大政党からそれぞれ少なくとも一人の議員が選出されることになるであろう(24)。

しかし、改革者は何よりも害を与えてはならないというヒポクラテスの誓いを心にとどめておくべきである。三議席の選挙区では、比例代表制は、最低二五%の得票率プラス一票以上（通常はそれ以下）を得た政党や候補者に議席を保証する。四議席の選挙区では最低得票率は五分の一プラス一票に低下し、以下同様となる。勝利に必要な閾値を過半数（またはかなりの多数）から二五%、二十%、十六％に下げ始めると、何かが大きく変わる。そう、システムはより「公平」になり、より包括的になる。しかし他方で、システムはより細分化されたものになる可能性がある。優先順位付投票制は、候補者が数学的に最大の閾値（三議席の選挙区では二五％プラス一票）をクリアするまで即時決選投票を行うことで、その危険性を減らすことができる。しかし、このようなシナリオにおいても比例代表制は、当選者に一人区で過半数の票を獲得することを求めるという、広く合意された論理からは大きく逸脱している。

アメリカの二大政党は、分裂する可能性がある。ティーパーティーと共和党の貿易推進派が争うことになるかもしれない。実利的でリベラルな民主党と、バーニー・サンダース流の進歩的社会主義者の新党が争うことになるかもしれない。

これで有権者の投票率は上がるかもしれないが、議会が連立を組んで法案を通すことが容易になるとは思えない。むしろ、新たに力を得たアメリカの左右勢力からの圧力によって、議会はさらに極端な方向へと引っ張られてしまうかもしれない。

また、海外での比例代表制の経験も、決して勇気づけられるものではない（イスラエル人やイタリア人に聞いてみてほしい）。第二次世界大戦後のドイツでは、穏健な比例代表制が何十年にもわたってうまく機能していたが、長らく中道寄りの三大政党制であったものが、今ではより細分化された六政党制になっており、最近の投票では極右の移民排斥主義者である「ドイツのための選択肢」が十二％以上の議席を獲得している。(25) ストレスのもとでの比例代表制は、既成政党がより過激な代替政党に支持を奪われることで、過激派に力を与える危険性があるのである。

民主主義の弊害をなくすために

修正可能なもう一つの問題は、とくに悪質なものである。その問題とは、連邦議会および州議会の選挙区における党派的なゲリマンダーである(26)。このような意図的な歪曲は、十年に一度の選挙区割りを支配する政党に大きな利益をもたらす。過去二十年間、共和党はより多くの州議会を支配しており、選挙区の境界線を引く上で有利になっていたため、民主党が下院で勝利を獲得するためには一般投票で不釣り合いに大きな差をつけなければならなかった(27)。二〇一八年には、民主党の獲得議席数の差は全国における一般投票での勝利差に近かったが、それは単に多くの接戦を制したためである。ゲリマンダーは、現職者を保護することで競争を阻害する。そして、それは十年に一度来る極度の党派性という発作に拍車をかけている。選挙区割りが近づくにつれ、議員たちは自分たちの政党をより強く支持するようになり、コンピューターモデルと政治的な力を使って、このプロセスから党派的な利益を最後の一滴まで搾り取ろうとする(28)。

このような苦しい戦いは、価値がなく、節度がなく、非民主的である。ゲリマンダーを解決するための最良の方法は単純である。アリゾナ州、カリフォルニア州、アイダホ州、ワシントン州がすでに実施しているように、党派的な州議会の手から選挙区割りを取り上げ、超党派の委員会に委ねることである。優れた市民団体である「レプリゼントアス」が提案しているように、独立委員会の委員は、

「すべての有権者に公正で正確な代表権を保証するために、公然と審査され、完全な透明性を持って行動し、各政治勢力から選出され、厳格な基準を遵守する人々」であるべきである。[29]

二〇一八年五月には、州議会が選挙区再編案に関する超党派合意を得るための独創的な誘導策を盛り込んだ住民投票をオハイオ州有権者の四分の三が承認した。優先順位付投票制に関するメイン州のドラマに共鳴した草の根運動では、ミシガン州の約四千人のボランティアが二〇一八年二月から五月にかけて四二万五〇〇〇人以上の署名を集め、超党派の委員会に選挙区割り権限を与えるイニシアティブを投票に持ちこむことに成功した。[30]十一月六日、この提議は約百万票を獲得し、六十％以上の支持を得て勝利した。他の三つの州（コロラド州、ミズーリ州、ユタ州）の有権者もその夜、党派的ゲリマンダーを排除した。その結果、二〇二二年までに下院全議席の約三分の一が独立した委員会または超党派の専門家によって再編成されることになった。[31]しかしほとんどの州では、選挙区割りの全権限または最終権限は今も州議会に委ねられており、議会を単一政党が支配しているところでは非常に党派的な選挙区割りが行われている。

党派的な選挙区割りは、その法的根拠に関しても争われている。二〇一六年十一月、ウィスコンシン州の連邦裁判所は、州下院の歪んだ選挙区割りを違憲と判断した。しかし二〇一八年六月、警戒心に基づく浅薄な議論から導き出された判決で、アメリカ最高裁判所は、党派性の高い選挙区割りを原則的に否定するのではなく、この問題を下級裁判所に送り返した。同年八月にはノースカロライナ州の地方裁判所が、民主党が勝利する可能性のある連邦下院地区の数を最小限にするという明確な目的を持って二〇一六年に策定された同州の選挙区割り計画について同様の判決を下したが、二〇一八年の選挙に向けて選挙区を引き直す時間がないと裁判所は判断した。ノースカロライナ州の共和党は、十一月に州内十三議席のうち十議席を獲得し、圧倒的な議席数を手放さずに済んだ。別の訴訟では、確実に民主党寄りであるメリーランド州において、民主党に非常に偏った選挙区割り計画に異議が唱えられている。

二〇一八年一月、ペンシルバニア州最高裁判所は、二〇一一年に作成された同州の選挙区割り計画を取り消した。同計画が市民の「自由で」「平等な」選挙で投票する能力を損ない、「明確に、はっきりと、歴然と」州憲法に違反していると判断したためである。その後、党派的ではない選挙区割りが奏功した。ペンシルバニア州で共和党が多数派を占める州議会と民主党の州知事が新しい区割りについて合意できなかったとき、より公平になるよう裁判所が自ら区割りを行い、それが実施された(32)。二〇一八年十一月の中間選挙では、共和党は州内十八議席のうち九議席のみを獲得し、これは二〇一六年の十三議席から減少となっている。

選挙区の党派的なゲリマンダーは民主主義の原則に反する醜態であり、幸いにもその時代は終わりつつある。

人々に投票をさせよう

理論的には、すべての有権者に完全もしくは部分的に開かれた予備選挙でより多くの人が投票すれば、穏健派が勝利する可能性は高くなるであろう。なぜなら、つねにアメリカの予備選挙で熱心に投票する人々のみならず、彼らはより広く、よりイデオロギー的に多様な有権者に直面することになるからである。しかし予備選挙の投票率は現在も低いままである。大統領予備選挙とは異なり、通常の予備選挙における投票率は平均して有権者の二十％前後であり、州によっては十％にまで下がるところもある。(33)

ブルッキングス研究所のイレイン・ケイマルクは、これにはタイミングが関係している可能性があると指摘する。現在、各州の予備選挙は夏真っ盛りの時期に七カ月以上にもわたって行われ、「猛暑の真っ只中まで及ぶ。この日程はある程度、予備選挙で少ないながらも手堅い支持獲得に自信を持ち、投票する人が非常に少ない状況を好む現職候補によって作られたものである」。(34)

その代案として、ケイマルクは州と政党に対し、各州の予備選挙をいくつかの大きな「全国的予備選挙」の日に統合するよう求めている。そうすれば有権者の関心が高まり、メディアの注目も集まり、投票所への誘導も容易になる。ただし、州の予備選挙を全国展開することで、さらに党派性が強まる可能性はある。

投票率を上げるためのもう一つの方法は、（大統領を除くすべての役職の）州の予備選挙を、より多くの有権者が注目し、夏休みから戻ってくる九月に移動させることであろう。現在、北東部の五州だけがレイバー・デーの直後に投票を行っている。九月の予備選挙は選挙期間が短くなり、費用も少なくて済む。ただしそれでも資金力のある有名な現職候補に有利になる可能性はある。

州の予備選挙において投票率を上げるためには、一般的に有権者の参加率を上げるような施策が最も効果的である。そのためには有権者登録を容易にすることが必要であり、理想的には自動有権者登録を用いるべきである。アメリカは、先進民主主義国の中でも有権者登録と投票率の面で大きく遅れをとっており、アメリカ人有権者の四人に一人は有権者登録さえしていない[35]。

オレゴン州は、より良いモデルケースである。二〇一六年に同州は、自動車登録をはじめとしたアメリカ市民権を証明する公的資料をもとに資格のある有権者を自動的に登録する国内初の州となったのである。

オレゴン州の新しいシステムは、二〇一六年の有権者登録を大幅に増加させ、とくに人種的マイノリティ、若者、貧困層の登録拡大に寄与した。また、オレゴン州では二〇一六年には上院選が行われず、左派的な同州においてヒラリー・クリントンが大統領選挙での勝利をほぼ確定していたにもかかわらず、有権者の投票率は二〇一二年に比べて四ポイント上昇した[36]。二〇一八年四月までに、十二の州が自動有権者登録を採用し、他の十九の州がそれを実施する法律を検討していた[37]。同年十一月にはミシガン州とネバダ州の有権者が、投票によるイニシアティブで自動有権者登録を採用した。投票所における即日登録やオンラインでの有権者登録も有効であろう。

また、期日前投票や郵便投票の機会を拡大することで、投票にかかる費用や投票所スタッフの人件費を削減し、投票率を高めることもできる[38]。多くのアメリカ人は期日前投票を好み、三人に一人は期日前投票を行っている。他方、十三の州では期日前投票が現在も禁止されている[39]。

最後に、投票日を従来の火曜日から週末（理想的には土日の両方）に移動させるか、（ワシントン誕生日の祝日をその日に移動させるなどして）十一月の選挙日を祝日にするべきである。[40] 主要な民主主義国のほとんどがこのようにしている。平日に選挙を行うことで、とくにスケジュールに融通の利かないブルーカラー労働者は投票がしづらくなる。[41]

これらの改革の利点は、達成可能で効果的であることである。しかし、われわれが抵抗すべき変化が二つある。一つはオンライン投票である。信頼性の高いハッカー対策技術が準備できていないためである。二つ目は有権者の抑圧である。一部の（主に南部の）州では、党派的な共和党の政治家が、写真付き身分証明書の提示を求める差別的な法律などによって、投票を困難にしようと積極的に取り組んでおり、人種的マイノリティを不当に標的にしている。ジョージア州では二〇一八年、ブライアン・ケンプ州務長官（共和党の知事候補）が、名前のつづりの「完全一致」を求める法律を利用して、アフリカ系アメリカ人を中心とする五万三〇〇〇人の有権者登録申請を停止した。[42]

だからこそ、アメリカ史上最も成功した公民権法の一つである投票権法を完全に復活させる必要がある。この法律は、人種差別的な有権者弾圧の歴史を持つ州に対し、投票要件を変更する場合は事前に連邦政府の許可を得ることを義務づける方式を廃止した二〇一三年の最高裁判決によって弱体化されてしまった。最近の経験が示すように、アフリカ系アメリカ人の最も基本的な権利を保護するためには、この措置が依然として必要である。[43] また、不当に有権者名簿から削除されることのないよう、有権者を保護する必要がある。さらに、マイノリティの投票を阻止しようとする脅迫的で欺瞞的なメッセージの拡散に対しては刑事罰も必要である。この二つの問題に対処する連邦法はすでに提案されている。[44] 議会はこれを可決すべきであり、大統領はこれに署名すべきである。

大統領を選ぶ民主的な方法

アメリカの民主主義に関する問題点を真剣に議論すると、すぐに選挙人団の話になる。海外に行くと最もよく聞かれる質問の一つが、「なぜアメリカ人は、一般投票の敗者が大統領になることを許すのか」というものである。私は背景を説明するようにしている。建国者たちは、抑制の効かないポピュリズムを恐れて、民衆の情熱に対していくつかの憲法上のフィルター（一世紀前までは、上院議員の間接的選出も含む）を設計したのだと。アレクサンダー・ハミルトンは『ザ・フェデラリスト』の中で、選挙人団は非常に有能な候補者の当選を確実にし、「下手な謀略や人気取りの小細工をする傾向がある」候補者の当選を防ぐためのものであったと説明している。[45]

これは当時のことであり、今は今である。われわれはあまりにも長い間、選挙人団という時代錯誤の制度と、それを守るための苦しい議論に悩まされてきた。この制度が現在ではあまり民主的でないのは、エコノミスト誌が辛辣ながらも正確に表現したように、これが「アメリカの建国者たちが、民主主義の必要性と奴隷制という人口動態との折り合いをつけるために即席で作った」制度だったためである。[46] アメリカ人が二十年足らずの間に二回も一般投票で負けた大統領の就任を平和的に受け入れたのは、民主的文化の強さを証明するものである。しかし、そうせざるを得なかったことは、民主主義制度の欠陥を証明するものである。

選挙人団廃止のための最も明白なやり方は憲法改正を必要とするが、分極化が進む現在、それは難しい。しかし、近道となる可能性のある方法がある。全国一般投票州際協定（National Popular Vote Interstate Compact）である。この独創的な取り組みにより、（人口の多いニューヨーク州とカリフォルニア州を含む）十一の州と首都ワシントンが、選挙人団の票を全国における一般投票の勝者に投じることを義務づける法案を採択した。この法案を可決した州の選挙人投票数が二七〇票（過半数）に達すると、本法案が発効することになっている。現在のところ、この協定に参加している州は選挙人団の一七二票を占めており、八九票を占める州でも同法案が議院の一方を通過している。このすばらしい取り組みは二〇二〇年の選挙には間に合わなかったが、そう遠くない将来に二七〇票に達する可能性がある。多くの共和党員でさえ、原則として全国における一般投票の勝者が大統領になるべきだと考えており、現在のシステムでは大統領選の選挙運動がいくつかの重要な激戦州に集中してしまうことを嫌っているという事実に、立案者らはとくに希望を寄せている[47]。

選挙人団は、現在の二大政党制に見られる機能不全を引き起こしている唯一の原因ではない。もう一つの原因は、大統領討論会への参加規則である。秋の討論会に参加しなければ無所属や第三極の候補者が大統領の座を勝ち取る見込みはないが、一九九〇年代のロス・ペロー以来、本格的な第三極の候補者は現れていない。なぜなら、ペロー以降の討論会規則が、そのような人物の参加資格を事実上剝奪してしまったからである。大統領討論会委員会は第三極の候補者に対し、選挙の七週間前に行われる大統領選挙の世論調査で平均十五％以上の支持を獲得することを求めている。ハーヴァード・ビジネス・スクールの最近の研究によれば、これは「克服不可能なジレンマ」である(48)。政党の予備選挙で争ったことのない候補者が、十億ドル近い費用を掛けずに世論調査で十五％の支持率を獲得するほどの知名度と全国的な注目を得ることはできないのである（そして、候補者が予備選挙に出馬したとしても、「悪しき敗者」ルールにより、ほとんどの州で本選の投票に参加できない(49)）。

アメリカ大統領を選ぶ最も民主的な方法は明確である。秋の討論会に参加するための合理的なルールを設定した上で、全国規模の直接一般投票で優先順位付投票制による投票を行うことである。しかしこのような全国的なシステムの実現には、選挙人団を廃止するための憲法改正と、全国的に優先順位付投票制を実施するための立法が必要になる。

それは明らかに遠い未来の話である。一方で、大統領選出方法を改善する手段は他にもある。その一つは、市民社会団体とメディアによって達成可能である。

大統領候補者は現在、一月のアイオワ州での党大会に始まり、二月にはニューハンプシャー州とサウスカロライナ州での予備選挙と、低投票率の候補者指名競争を戦わなければならない。二〇二〇年には、カリフォルニア州、テキサス州、マサチューセッツ州、バージニア州など八つの州で三月三日に予備選挙が行われ、候補者争いはいっきに加速する。しかし、大統領選予備選挙の予定がどんどん前倒しになっていることや、予備選挙の対象者が一般投票者よりもはるかに党派的でイデオロギー的であり、一般投票者を代表していないことから、分極化が加速している。

大統領選挙で投票者が選好を最初に示すのがアイオワ州の党大会ではなく、広大で多様性に富んだ国全体であるとしたら（アメリカの有権者を無作為に抽出し、週末に集まって諸論点を討議し、候補者の話を聞き、優先順位付投票によって彼らの選好を表明する形だとしたら）どうだろうか。アメリカを一つの部屋に集めるこの全国的な「熟議型世論調査」は、国全体をはるかに代表するものとなるだろう。人柄よりも論点を重視し、有権者に各候補者を直接評価する機会を与えることができる。そして、この熟議型世論調査の方法は、すでに二八カ国で百回以上実施されている。(50)

機能する議会とは

アメリカ人は近年多くのことで意見を違えているが、議会に対する見方は一致している。二〇一八年を通して、議会が行っている仕事を支持しているアメリカ人はわずか十五～二十％だけであった。(51)機能する議会、つまり妥協して合意し、超党派の多数で法案を通過させることができる議会を実現する最善の方法は、イデオロギー的に穏健であるか、もしくは少なくとも妥協できるほど柔軟な上院議員と下院議員を選出することである。

現在の議会はあまり民主的ではない。下院も上院も、多数派の党首が議題を厳しく統制しており、人気のある法案が俎上に上がらないようにすることができる。かつて下院では、自由な議論と幅広い修正を許容する「オープン」ルールのもとで法案が審議されていたが、現在ではほとんどの法案が変更を禁止する「クローズド」ルールのもとで議場に提出されるようになっている。このような反対意見に対する権力の強化は長年にわたって両政党が行ってきたことであり、下院をますます敵意に満ちたゼロサムの政治的闘争の場にしているものである。

上院の存在は元々民主的とは言えなかったが、近年では内部の手続きや文化も失われつつある。主な問題は、フィリバスターと上院議員のホールド（五分の三の賛成票がない限り、一人の議員が法案の採決を妨げることができる）の使用が増えていることである。これらの手段により少数派が議会を停止させることが可能となっている。[52]

下院で八期務めたミッキー・エドワーズは、これらの問題は軽減できると主張する。（かつては稀にしか発生しなかった）上院議員のフィリバスターやホールドの使用を大幅に減らし、百人以上の共同提案者がいる下院法案を修正するには、公聴会を開催し記録投票での議決を求めるように規則を変更すればよいというのである。無党派の政治改革団体である「ノー・ラベルズ」はさらに進んで、多数派リーダーの抵抗を押し切って法案を議場に提出できるよう、下院議員が匿名で委員会審査省略動議に署名することを認めるべきだと論じている。これにより多数党の穏健派議員は、党首からの報復を恐れることなく、超党派的な妥協案を推し進めることができるようになる。[53] ノー・ラベルズはまた、大統領候補者が指名された場合、上院での信任投票を九十日以内に行うこと（それなしでは指名候補は無投票で承認される）を要求するよう提案している。[54]

エドワーズは、他の多くの元下院議員と同様に、議会での礼節と問題解決を促進するためには、党派的分断を超えた良い個人的な人間関係を育むことが重要であるとも熱く語る。彼はまた、議員の勤務週数を長くし、議員が議会の仕事で出張したり、お互いに交流したりする機会を増やすことを推奨している。数年前、ノー・ラベルズは議員の仕事スケジュールを大幅に変更することを提案した。そのスケジュールとは、資金調達や有権者との面会のために議員が火曜から木曜まで定期的に地元に帰るという議会スケジュールに代えて、一カ月のうち三週間は議会を開会し、残りの一週間は議員が地元に帰ることができるようにするものである(55)。

多少逆説的ではあるが、委員会での公聴会、法案交渉、議場での討論における公開性の要件を適度に緩和すれば、より良い議会を実現することができるかもしれない。透明性は民主主義においても重要な要件であるが、対立する政治家がカメラの視線から逃れて、痛みを伴う譲歩や型破りな解決策を密かに検討することができなければ、妥協に達することは困難になる。公衆の面前で交渉をしなければならなかったり、審議内容がリークされることを覚悟しなければならなかったりすると、議員は政治的に安全で固定された立場に戻ってしまう。しかし、プライベートな場で率直に話すことができれば、リスクを伴うトレードオフを検討することができ、その取引が成功しない限り内容を認める必要はない(56)。

また、議会のイヤーマーク（議員の選出州・地区内の特定プロジェクトや目的のために資金を提供する、歳出法案の中で広く非難される条項）の話になると、純粋さと実利主義の間の緊張もある。資金を特定の用途に指定することは理想的とは言いがたいが、麻痺した膠着状態はさらに悪い。議会は、議員が協力して法案を通過させる能力を回復し、法案の合意と引き換えにイヤーマークの形で議員に副次的利益を与えることで、議員の交渉における柔軟性を向上させることができる。副次的利益に透明性があり、適切な取引を行うために必要であり、法案によって得られる利益に比例するものであれば、人々はそれを正当なものと見なすであろう(57)。

これらのすべての考えの根底にある重要なポイントは、改革は可能であるということである。これらのアイディアのほとんどは、複雑な立法プロセスを経ることなく、各院が独自の規則を変更するだけで実現できる。問題は、議員が実行力のある議会を求めなければいけないということである。そしてそれは、有権者の要求があって初めて実現するものである。

選挙を守るために

どんなに立法機関に手を加えても、選挙が誠実で公正であるとアメリカ人が確信できなければ意味がない。すでに述べたように、そのためには党派的なゲリマンダーと投票抑制（訳注―投票手続きの障壁を高めるなどして、対立候補の支持者による投票を抑制する行為）をなくすことがとくに重要である。それでもなお、選挙を完全なものにするには二つの大きな課題がある。アメリカの政治を腐敗させるカネの影響、そして海外（もしくはその他）による投票機器のハッキングという新たな危険性である。

ほとんどのアメリカ人は、選挙の夜に発表される結果が公正な投票集計であることを当然のことと考えている。ドナルド・トランプの遠回しの主張にもかかわらず、複数回投票したり、票を水増ししたり、実際の有権者になりすましたりするような、昔ながらの重大な不正投票の証拠は全くない。しかし、二〇一六年の選挙期間中にロシアが全米二一州の選挙ウェブサイトや有権者登録データベースに侵入したことで、アメリカの民主主義における深刻な脆弱性が露呈した。ブレナン司法センターのウェンディ・ワイザーとアリシア・バノンは、「老朽化した技術、不十分なセキュリティ、そして精巧さとリソースが大きく異なるパッチワーク的な選挙管理システム」により、「二十世紀の投票システムは二一世紀には適していない」と警告している[58]。

最も危険が切迫しているのは、タッチスクリーン投票のように、検証可能な紙の痕跡を残さずにコンピューターのメモリーに直接投票を記録する、コンピューター化された投票システムである[59]。どんな民主主義国においても、監査や再集計が可能な紙の記録なしに選挙を行うべきではない。ハッキングの時代にあって、コンピューターを用いたハイテクシステムは検出できないか、あるいは事実上証明できないようなデジタル不正工作に選挙をさらしてしまうことになる。しかし、二〇一六年の選挙でロシアが攻撃を仕掛けたにもかかわらず、アメリカの約十二の州ではいまだに電子投票機を使用しており、紙による投票の監査証跡を作成していない[60]。そして、他の多くの投票機や州の有権者登録データベースには旧式のものが使用されている。投票数を不正に操作しなくても、悪意のあるハッカーが脆弱な登録システムに侵入して有権者を名簿から削除することで、大混乱を引き起こし、結果を左右することさえ可能である。

われわれは至急、投票システムを近代化し強化する必要がある。二〇一八年三月、有権者登録システムのアップグレード、安全性の低い投票機の交換、選挙後の投票監査システム導入のために、議会は各州（その多くは財政的に逼迫していた）に対し合計三億八〇〇〇万ドルを計上した。しかし、これは議会が二〇〇二年に投票システムをアップグレードするために計上した総額の約十％にすぎない。そして、三三の州が二〇二〇年の選挙までに投票機を交換する必要があるとしている[61]。議会はこれらの州を支援すべきである。投票インフラを改善することは民主主義の根幹に関わることであり、党派的な問題であってはならない。

投票システムの安全性を確保することは、比較的技術的な問題である。それに対し、政治におけるカネの影響を減らすことは、はるかに困難で、より政治的な課題である。しかし現在、規制されていない大量の現金が政治に流入していることで、民主主義は破壊されつつある。

最低でも、本当に些細な金額を超えたすべての選挙運動への寄付と支出の完全な開示を求めるべきである。オンライン広告の透明性を求めるのみならず、外国のアクターがオンライン広告を購入したり、他の方法でアメリカの選挙運動に介入したりすることをはるかに困難にしなければならない。二〇一〇年に最高裁判所が出したシチズンズ・ユナイテッド判決では、最高裁は事実上、独立したグループが広告に無制限に資金を提供することを憲法で保障された言論の自由と見なしたため、この問題の解決が難しくなった。

問題のあるこの判決は覆さなければならない。そしてそれを達成するまでの間にわれわれにできる最善のことは、選挙に影響を与えるようなすべての寄付の出所を完全に開示することである。現在大きな抜け道となっているのは、いわゆる社会福祉団体（内国歳入庁コード上では501（c）（4））による膨大な支出である。これらの団体は、総支出の半分以下の金額であれば、未開示のダークマネーを政治や選挙運動のために無制限に使うことができる（残り半分は「課題」教育に使われる）[62]。驚くべきことに、これらの資金は非課税である。

二〇一六年の選挙期間中、「社会福祉」団体のうち最大の団体である全米ライフル協会の一部局は、非課税の寄付金として約三五〇〇万ドルを支出している。ダークマネーの支出金額上位十団体のうち七団体は、共和党系または保守主義の団体であった[63]。カリフォルニア州などのいくつかの州では現在、主要な非営利の選挙資金提供者に寄付者の身元開示を義務づけており、民主党の連邦議会議員二名が提案している法案も、同様の義務を全国的に課すものである。しかし、党派的な人々や特別利益団体は、このような賢明な改革に徹底的に抵抗するであろう。彼らを打ち負かすには、断固とした市民のアドボカシーが必要である。

もう一つ有用な選挙運動資金改革は、大統領候補者支援のために無制限に資金を集め支出する、形式的にしか独立していない政治行動委員会（スーパーPACと呼ばれる）を取り締まることであろう。ブレナン司法センターが指摘しているように、スーパーPACに対して候補者や選挙運動からの独立を義務づける法律は冗談と化しており、「候補者への献金制限が事実上意味をなさない」ものとなっている[64]。

共和党も民主党も、我慢をする必要はない。その代わりに、個人からの選挙資金提供の限度額を賢明に引き上げることができるが、その際にはスーパーPACの独立性要件を強力に遵守させる必要がある。ノースカロライナ州選出の民主党員であるデイヴィッド・プライス議員が提出した連邦法は、スーパーPACとそれが支持する大統領候補者との間で事実上の緊密な連携を可能にしているいくつかの現実的な抜け穴を塞ぐものである。（カリフォルニア州やミネソタ州を含む）いくつかの州では、すでに同様の措置が採られている[65]。

議会が選挙運動への支出を強制的に制限したり、完全に公的な資金だけで選挙運動を行わせたりすることは考えにくい。しかし、候補者が公的支援と引き換えに支出制限を受け入れるよう、誘導することはできるはずである。二〇一七年にシアトル市は、民主主義引換券（*democracy vouchers*）と呼ばれる公的な資金調達の仕組みを導入した。登録された有権者一人一人に二五ドル相当の引換券が四枚ずつ与えられる。そして、一定の支出制限に同意し、十ドル以上の寄付を集めてこのプラグラムに参加した候補者に、これらの引換券を割り当てることができる。このプログラムに参加した候補者は、市民からの資金調達の割合が大幅に増加した[66]。

これに類似した改革としては、すべてのレベルの選挙において、少額の個人献金を受けた候補者に対して政府が同額を支援するというものがある。これは、候補者が有権者の幅広い層に寄付を促し、特別な利害関係への依存度を下げることに重点を置いたものである。「レプリゼントアス」は、さらに先を行く。同団体が支持する包括的なアメリカ腐敗防止法（American Anti-Corruption Act）では、政治献金を行うための特定金額分のポイントがすべての有権者に提供され、候補者やPACは、小口の寄付者からのみ資金調達を行うことに同意した場合に限り、このポイントを受け取ることができるものとなっている。[67]いずれの改革も、規制されていない現金が大量に政治に流入するのをとめるものではないが、その蛇口を閉めない限り、民主主義は溺れ続けるだろう。

沼の水を抜く

より良い民主主義を実現するためには、資金力のある特別利益団体や外国政府の影響力を低減するためのロビー改革も必要である。二〇一六年十月にトランプ候補は、行政機関での被任命者による退任後五年間の連邦政府へのロビー活動の禁止、元議員とそのスタッフによるロビー活動の五年間禁止、行政機関の上級職員による外国政府のためのロビー活動の生涯禁止、そして登録された外国人ロビイストがアメリカで選挙資金を調達できないようにする法律を提案した。[68]トランプの計画は正しい方向へ一歩踏み出している。そして前述したように、二〇一七年一月に就任すると、トランプ大統領は退任する官僚に対し、自分の所属していた機関へのロビー活動を五年間禁止し、外国政府や外国の政党のためにロビー活動を行うことを生涯禁止する大統領令を発令した。[69]

しかし、はるかに包括的な改革が必要である。「レプリゼントアス」は、現職議員や議会の上級スタッフが将来的に民間の仕事に就くことを検討すること、およびロビイストが大統領や議会の選挙運動に対して寄付をすることを禁止するよう提案している。[70]これらの規定は、もう一条項だけ追加した上で、すべて法律に明記されるべきである。その条項とは、議員が外国政府のためにロビー活動を行

うことも生涯禁止されるべきである。(71)

しかし、必要なのは単なる規則の変更だけではない。ほとんどの先進民主主義国や多くの新興国とは異なり、アメリカには主要な公職者による汚職を取り締まる法律や基準を遵守させるための一貫した国家機関がない。政府倫理局、司法省、そして各省庁の監察官などに分散している現在の組織形態は、弱く、断片的で、効果的でない。(72)

二〇一八年五月、リベラル系のシンクタンクであるルーズヴェルト研究所は、この問題を解決するために、完全に独立した公的品位保護庁の創設を提案した。この新機関の長官は、執政府各部門の監視役である監査長官を任命し、監査長官は超党派の人物で、長期だが期限付きの任期で任命されることになるだろう。(73) 私はさらに踏み込んで、この機関に議会倫理を監督する権限も与えたい。ドナルド・トランプが今日のワシントンを沼と呼ぶのは正しい。しかし今では彼は、その沼の中にいる最悪の生物となっている。新しい規則と制度だけが、この沼を干上がらせることができるのだ。

アメリカのデマゴーグに対抗する

現在、アメリカの民主主義における最も切迫した問題はドナルド・トランプであり、この本が出版される時点では、トランプの大統領職の運命は依然として不透明である。上院の共和党議員が遅ればせながら気骨のあるところを見せることができれば、トランプを弾劾し、失脚させ、大統領職を罷免させることも考えられる。あるいはトランプが再選され、われわれの民主主義の制度や文化に、より深刻で永続的なダメージを与える可能性もある。

われわれのシステムは、このきわめて異常で危険な大統領を正常化するために、多くを行ってきてしまった。メディアは今もホワイトハウスを取材しなければならない。議会は大統領と交渉しなければならない。共和党議員は、トランプの移民排斥主義者のイメージに即して作り変えられた同党において、自分のやり方を見つけなければならない。そしてトランプ政権の内にも外にも、彼におもねるような賞賛を送ったり、彼の違反行為を公にすることを避けたりすることで、彼の好意を得ようとする人たちが不安になるほど大勢いる。

首都ワシントンでは、民主主義の機関である議会、裁判所、メディアが、許容度の限界を明確にし、憲法上の規範を守るために努力しているというのが常識となっている。しかし、毎日のように新しいスキャンダルや暴言が速報されているため、記者たちにとって、国民の注意をより大きな権力濫用傾向に向けさせることが難しくなっている。その間、フォックスニュースは大統領を応援し、視聴者を誤った方向に誘導しており、他方では、ツイッターやケーブルテレビニュースでの罵り合いの誘惑に負けて、権力者に説明を追求するという憲法上保護された使命から遠ざかってしまっているメディアもある。

裁判所は、少なくともこれまでのところ、かなりの独立性と誠実さを示している。しかし、最高裁判所は、トランプが約束したイスラム教徒の入国禁止令を多少繕っただけのものを認めてしまうという間違いを犯した。もしトランプがあと六年間、自分と政治的見解を共有するものを判事に任命し、司法に送り込むまで職務を続ける場合、司法による立憲主義へのコミットメントは維持されるのだろうか。

トランプ大統領が就任してからの二年間、システムの最大の失敗は議会にあった。とくに共和党議員は、偉大な故・ジョン・マケインや他の立派な数人の例外を除けば、トランプによる民主主義の劣化を非難する勇気もなく、反対票を投じることもできず、議会は道徳的・政治的にトランプに協調して抵抗することができなかった。

共和党に今必要なのは、一九五〇年にマーガレット・チェイス・スミス上院議員によるジョー・マッカーシーへの感動的な「良心の宣言」に署名した六人の共和党上院議員のように、一線を画すようなグループである。この年の六月一日、スミスは上院議場でこう宣言した。「私は、共和党が恐怖、無知、偏見、中傷という誹謗の四騎士に乗って政治的勝利を目指す姿を見たくない。共和党にとってはつかの間の勝利かもしれないが、アメリカ国民にとってはより永続的な敗北になるであろう(74)」。

トランプの誹謗中傷から民主主義を守るために最も重要な条件は、一九五〇年にスミスが行ったのと同様に、共和党の議員が投票とレトリックの両方で原則に基づいて立ち上がることである。スミスが勇気を出すことができたのだから、今日の共和党上院議員にもできるはずである。大統領に反対することは、仲間の上院議員に反対するよりも勇気がいることだが、一九五〇年当時、スミスは上院の一回生かつ上院唯一の女性議員であり、マッカーシーは世論と政治的勢いに乗っていた。民主主義の強さは、それを守る責任のある人々の勇気次第で決まるのである。

このことは、二〇二〇年に向けて、愛国心が試されるもう一つの明確な試練があることを示している。それは、一人の勇敢な共和党員が、毅然とした市民の精神に基づき、予備選挙でトランプに挑戦する必要があるということである。このような緊急事態には、美辞麗句だけでは対応できない。近年のアメリカ政治史の中で、一期だけを務めた大統領（ジェラルド・フォード、ジミー・カーター、ジョージ・H・W・ブッシュ）はすべて、十一月の敗北に至る途中で、予備選挙で真剣な挑戦者によって大きな傷を負わされている。一九六八年、リンドン・ジョンソンは、ユージーン・マッカーシーがニューハンプシャーでの予備選挙で精神的な面で勝利を納めたことで、出馬を思いとどまった。トランプにも同じことが言えるのではないか。

ジョン・ケーシック、ミット・ロムニー、ニッキー・ヘイリー、ベン・サス、ジェフ・フレーク、ラリー・ホーガン、ボブ・コーカーといった共和党の重鎮たちは、トランプが自分たちの国や党にもたらす危険性を理解している。トランプに対抗して出馬すれば罵倒や中傷を浴びせられるであろうし、予備選挙ではトランプが勝利する可能性が高い。しかし、共和党がトランプ主義の熱を冷ますことで、挑戦者は政治的な報酬を得ることができるであろう。そして、彼らは歴史の審判によって必ず報われるであろう。共和党指導者たちの多くは、トランプがいかに大統領にふさわしくないか、国にとっていかに危険であるか、そして民主主義の価値をどれほど後退させるかを、十分すぎるほど理解している。彼らはその理解をもとに行動すべきである。

また、トランプ政権の高官たちも、窮地から逃げるべきではない。彼らはトランプの専制的な気質と行動を間近で見てきた。彼らはトランプの行動に対する個人的な恐怖を、率直な公的批判に転換するべきである。

民主党は、別のジレンマに直面している。もし民主党がトランプによる民主主義規範への攻撃に反対しなければ、中核的な支持者と国民全体の期待に背くことになるだろう。しかし、もし民主党がトランプのあらゆる言動をすべて同じように激しく非難するならば、民主主義的価値を守ることと、特定の問題をめぐる通常の政治的争いとを、一般の人々が区別できなくなってしまうだろう。

民主党は、トランプに対する二つの抵抗の形を明確に分けなければならない。一つ目は、対立する政党の大統領が示す政策課題に反対するような通常の党派的、イデオロギー的な抵抗である。そして二つ目は、民主主義そのものを脅かす発言や行為を含むものである。民主党は、これをより高度で緊急性の高い抵抗として明確に区別するべきである。そしてこの抵抗は、トランプがアメリカにとって何を意味するのかについて同じように心配している共和党議員にも、同様に協力を求める必要がある。ここでは通常の政策論争の切り口を超えて、報道の自由、司法の独立、議会の監視、個人の権利といった制度や規範の擁護に焦点を当てなければならない。トランプは、アメリカ人を分裂させることで権力を握った。彼が権力の座から追い出されるのは、アメリカ人が一丸となったときである。

アメリカの民主主義を回復するためには、新たな幅広い連携が必要となる。政治をより開放的で競争的に（そしてより無害かつ分極化していないものに）したいと望むリベラル派、保守派、および無党派層の人々は、優先順位付投票制の導入やゲリマンダーの廃止といった改革のために協力する必要がある。

多くのアメリカ人は、自らの市民としての道徳を再構築する準備ができている（そして実際、それを渇望している）。崩壊した国政の表面下で、彼らは進歩を見せている。欠けているのは、民主主義を刷新し、再活性化させるための国家的ビジョンとリーダーシップである。もしわれわれが建国の価値を守る勇気を持てなければ、アメリカの実験の輝きは薄れ、徐々に消え、消滅してしまうかもしれない。

第14章

結論——自由の新たな誕生

力は頑固だ。動かさなければならない。そして、それを動かすことができるのは、われわれだけだ。

——マイアミ・デード大学卒業式におけるローレン・パウエル・ジョブズの挨拶（二〇一八年五月五日）(1)

兄弟に伝えるんだ、立ち上がれと。
姉妹に伝えるんだ、立ち上がれと。

——リン＝マニュエル・ミランダ「マイ・ショット」映画『ハミルトン』より

一九四六年に公開されたフランク・キャプラ監督の映画、『素晴らしき哉、人生！』では、ジョージ・ベイリーという寛大な銀行家の叔父が、預金しようとしていた多額の資金を誤って紛失し、強欲なライバルに銀行と町全体を乗っ取られてしまう。落ち込んだジョージ（ジミー・スチュワートが演じる）は、クリスマスイブに橋から飛び降りようとする。しかし、最後の最後に守護天使がジョージを思いとどまらせ、彼がいなければありえなかった善行をすべて見せる。天使は、「ジョージ、あなたにはすばらしい才能があります」と言い、「あなたがいなければ世界はどうなっていたかを知るチャンスです」と述べる。

ドナルド・トランプの大統領就任という災難に明るい兆しがあるとすれば、次のようなものである。今、われわれは、ありうべき未来を垣間見ているのだ。トランプは、最も親密な民主主義の同盟国を侮辱し、NATOを弱体化させ、EUの崩壊を促した。地球温暖化防止条約、イランとの核取引、そしてTPPからもアメリカを離脱させた。敵味方を問わず無意味な貿易戦争を始めた。ウラジーミル・プーチンをはじめとする残忍な独裁者たちを容認し、親密に接する。偏見の強い国内外の移民排斥主義者たちと大義名分を共有する。そして、「アメリカ第一主義」という古く、やっかいで思わせぶりなスローガンを復活させている。こうしてトランプは、第二次世界大戦後のリベラル秩序の道徳的・戦略的支柱をことごとく揺るがしている。しかしこれらは、アメリカのリーダーシップと不屈の精神がなければ、世界はどのようになるのかを知るチャンスなのである。

世界中の民主派にとって、これは恐ろしいことである。他方、中国やロシアの好戦的な独裁者にとっては、これは贈り物である。七五年近くにわたってヨーロッパや太平洋の平和を維持し、民主主義と自由のかつてない拡大を可能にしてきた規範と同盟のグローバルな構造を崩壊させる、驚くべき、そして信じられないほど良い機会なのである。

世界的な民主主義の危機は、長期間続いている。これはドナルド・トランプによって始まったことではなく、彼がホワイトハウスを去っても終わらないだろう。しかし、アメリカの道徳的・地政学的リーダーシップ、すなわち、民主主義的規範の擁護、民主的な政府や運動への支援、自由貿易と広範な経済発展への支援、侵略を抑止し抑圧を非難する意思などが、民主主義拡大の波を世界中に波及させたのである。たしかに、アメリカの外交政策は一貫性に欠け、不完全なことが多い。しかし、元国務長官のマデリン・オルブライトが述べたように、一世紀以上にわたりアメリカは、民主主義にとって「不可欠な国」であり続けてきた。人権の推進に不可欠であり、民主主義の希望をかき立てるのに不可欠であり、自由の繁栄を可能にする国際機関や同盟関係の構築に不可欠であったのである。

世界政治において理想は重要であるが、力も重要である。アメリカは、欠点や不手際はあるものの、力と権利の両方を融合させて民主主義拡大のための空間を作り出した稀有な大国である。第二次世界大戦後には、アメリカの強力で確固とした規範があったからこそ、ヨーロッパの民主主義国やアジアの多元的な国々が、ソ連や毛沢東主義の中国、そしてそれらの後継である独裁国家と手を組むことはなかった。アメリカの力、存在感、そして原則を取り除いてしまうと、アジアのほとんどの国は、アジアで台頭する中国帝国という勝ち馬に乗ろうとするであろう。NATOの結束力を高め、ウクライナやジョージアなどの旧ソ連諸国におけるロシアの野望に対抗する役割を担っているアメリカを取り除くと、旧ソ連全体（おそらくバルト三国でさえも）の自由への期待は打ち砕かれ、中東欧に残る民主主義国にも長く暗い影を落とすことになるだろう。EUは、このようなアメリカの撤退に耐えられないかも知れず、もし耐えられたとしても、復活したロシア帝国との和解圧力を強く感じることになるだろう。アメリカのいない世界は、筋肉質で腐敗した独裁者たちが、露骨な強制と秘密裏の破壊行為によって世界の大部分を支配するという、はるかに恐ろしく、危険な場所となるだろう。

ビル・クリントンの言葉を借りれば、われわれの力を例示（the example of our power）することよりも、われわれの例が持つ力（the power of our example）により大きな影響力がある。(2) アメリカが提供してきた援助や示してきた模範は、ラテンアメリカやアフリカ、そして（アメリカが疑うことなくアラブの独裁国家を支援してきた長く不愉快な時期を経て）中東においても、刺激となり民主的な変化を促してきた。われわれはしばしば誤りを犯し、最高の伝統に応えられずにきた。しかし全体として、アメリカの理想、放送、助成金、外交は、独裁国家に変革を迫り、壊滅的な抑圧を繰り返さないよう警告し、世界中の人々が自分たちの譲れない権利を主張する空間を形成してきた。こうした努力のすべてがなかったならば、アルゼンチン、ブラジル、チリ、韓国、台湾、フィリピン、南アフリカ、ガーナ、チュニジア、そしてかつて鉄のカーテンの背後に閉じ込められていたあらゆる国々で、民主主義への移行がいつ行われたか、そして移行がそもそも行われたかはわからない。

最近まで、多くの社会が民主主義へと平和的に移行する上で、アメリカの力と理念が役割を担ってきた。ロシアの怒り、中国の野心、ポピュリストの権威主義者といった蝕まれた風がハリケーンのような強さになるのを、アメリカの決意が防いできた。しかし現在、別の強風が吹き荒れている。皮肉屋の政治家、凝り固まったシステム、無関心な市民を土台とするアメリカ自身の政治的衰退が、民主主義の全体的な輝きを損ない、アメリカを世界から遠ざけているのである。この退潮を早急に食い止めなければ、世界の民主主義は危機に瀕することになる。

フリーダムハウスによれば、すでに十二年連続で世界の自由度が低下しており、毎年、上昇する国よりも低下する国のほうが多い。民主主義崩壊の波が押し寄せており、（人口一〇〇〇万人以上の国の間で）民主主義国の割合は近年、半分にまで減少している。しかし、この数字だけでは、その危険性の全貌を把握することはできない。この統計の背後には、幅広い国々で民主的な制度や規範が着実に、そして明らかに侵食されているという現実がある。困難な時代の統治方法として、議会統治ではなく、強権的政治家の統治を賞賛する新しい世界的なシナリオが台頭している。

ゆっくりとした降下は、われわれを無関心に陥れてしまう。事態はそれほど悪くない、多少悪化しているだけだ、と自分に言い聞かせてしまう。しかし、緩やかな衰退を無視するというのは、危険を冒すことである。アーネスト・ヘミングウェイの『日はまた昇る』の中で、自由奔放で大酒飲みのマイク・キャンベルは、「どのように破産したのか」と聞かれて、「二つある」と答えている。「徐々に、そして突然に」と。(3) 民主主義の崩壊も、しばしばそのようなものだ。

ベネズエラでは、長期にわたる腐敗と無関心の中で、徐々に崩壊が始まった。同国は豊かな石油資源に恵まれ、かつては活気に満ちた自由民主主義国であったが、国民は成果を上げない利己的な政治家から次第に距離を置くようになっていった。その結果、左派ポピュリストのデマゴーグであるウゴ・チャベスが、最初は軍事クーデターで政権を奪取しようとし、その後に選挙で勝利を収めた。ラテンアメリカにおける民主主義の衰退の多くは、このようなものであった。メキシコ、ブラジル、ペルーでは、汚職の蔓延、犯罪の増加、無謀な統治などにより、市民の信頼と政党システムが危機に瀕している。その結果、この地域全体で民主主義が危機に瀕している。

イスラム教国でNATO加盟国であるトルコでも、同様の侵食が見られる。レジェップ・タイイップ・エルドアンと彼の率いる公正発展党が政権を握ってから何年かの間は、彼らは民主主義の規則に従うことを望む宗教的または社会的な保守派にしか見えなかった。エルドアンが異論や多元主義への締め付けを徐々に強めていくなか、欧米の観察者や政府は、リベラルなトルコ人からの警告を無視していた。そして二〇一六年七月にクーデターが失敗した後、エルドアンはすべての政治的反対勢力を潰した。トルコの民主主義は二つの道をたどって死んだのである。「徐々に、そして突然に」。

アメリカの民主主義には免疫があると思いたい。しかし、そうではない。民主主義は天から授かった才能でも奇跡でもない。苦労して築き上げられた政府の形態であり、危険な時代に市民が皮肉や無関心に陥るならば、揺るぎないものではいられない。

今、われわれは不安定な時期を迎えている。民主主義研究者としての私の四十年のキャリアの中でも、今は最も危険な時期である。ポーランドやフィリピンのように、ポピュリズムに支えられた主要民主主義国もあれば、ひずみが大きくなっている国もある。移民差別、民族排斥、イスラム教徒に対する偏見などが、これまで安定していると考えられていた西欧のリベラルな国々や、今ではアメリカなど、多くの民主主義国の市民的基盤を脅かしている。ハンガリーのようなEU加盟国で民主主義が事実上消滅する可能性があるとしたら、他のどの国がそれを免れることができるのか。メディア、裁判所、野党、そして真実を徹底的に軽蔑する非リベラルなデマゴーグがアメリカの大統領になるのであれば、いったいどの国が安全だといえるのか。

問題は世界中に及んでいる。現在インドネシアやインドで増加している宗教的不寛容の危険性を過小評価してはならない。エルドアンと同様、ヒンドゥー教優越主義者であるインドの首相ナレンドラ・モディは、カリスマ性と野心を持ったポピュリストであり、宗教的な美徳を讃える社会的保守主義者である。エルドアンのように、モディは権力を抑制する機関を次々と退けられるだけの力を蓄えている。インドでは、高等裁判所、公務員、メディア、独立組織など、対抗勢力の中心は強力である。しかし、インドの民主主義は、一党支配と宗教的不寛容の長期化に耐えられるだろうか。歴史がわれわれ全員に教えてくれるのは、何事も当然視すべきではないということである。

アフリカでは、民主的制度がますます攻撃にさらされている。南アフリカでは、汚職にまみれた大統領のジェイコブ・ズマとその取り巻きが幸いにも政権を失ったが、この国の根深い問題である汚職や人種差別に根差した極度の貧困と不平等は依然として残っている。ガーナを除くアフリカの大国のほとんど（たとえばケニア、タンザニア、ナイジェリアなど）において、民主主義が衰退しているか、定着していないのが現状である。これまで見てきたように、貧困が蔓延し自由よりもパンを選んでもおかしくないところ、ほとんどのアフリカ人は民主的で説明責任のある政府を熱望している。しかし、彼らには助けが必要である。それにもかかわらず、中国の威勢の良さ、ヨーロッパの乱心、アメリカの後退といった世界の現実が、アフリカの独裁者たちを思い通りにさせている。

中東では、二〇一一年の革命後、アラブの民主主義国として残っているのはチュニジアのみである。チュニジアの躍進は並外れたものであったが、脆いものでもある。経済の低迷、民主主義の衰退を望む湾岸諸国の強力な独裁者たち、過去の腐敗した特権や権威主義的な慣習を手放したくない旧独裁政権の生き残りなど、自国に吹く蝕まれた風の中でチュニジアは苦闘している。エジプトでは、長年のムバラク独裁政権が崩壊した後、軍部がすべての反対派や異論を潰してきた。石油資源の豊富な湾岸諸国は、アラブの春の精霊を国家的抑圧というランプの中に押し戻したと考えている。他方、中東で長年民主主義を維持してきたイスラエルは、非リベラルなポピュリズムにますます傾倒し、自国のアラブ人を二等市民に押し込み、ヨルダン川西岸のパレスチナ人には市民権を与えない事態となっている(4)。

そして、これらのことは一方的な下落の始まりかもしれない。仮に、アメリカのグローバル・リーダーシップが低迷し続け、さらに激化したとしよう。アメリカや西欧で、非リベラルなポピュリズムがさらに強まったとする。独裁的な指導者たちが、民主主義を放棄しても代償は少ないと考え、われわれはもう気にかけていないと結論づけるとする。世界で最も人口の多い五十カ国のうち、現在、民主主義国は半分弱であるが、より有利な国際情勢のもとであれば民主主義に移行・復帰した可能性のある「揺れる国家」において民主主義再生の可能性が枯渇し、三分の一かそれ以下に激減する可能性もある。

今後、次のようなストーリーが展開されるかもしれない。世界的な民主主義失敗による第三の揺り戻しの波は、ハンガリーをはじめとして中欧と東欧の多くで見られ、これらは民主主義から静かに離脱することになる。ＥＵの東側はリベラルな価値観から大きく離れ、西側の中心部は移民反対熱と国家的自信喪失で消耗し、ＥＵは分裂する可能性がある。

ドナルド・トランプが再選されれば、孤立主義で専制政治家に優しいロシア寄りの姿勢をより大胆に打ち出すようになるだろう。基盤を失えばＮＡＴＯも崩壊する可能性があり、それはプーチンを究極の夢を実現させる方向に解き放つことになる。つまり、ソビエト連邦（彼はこの崩壊を長年悲劇と考えてきた）の新たな後継者である大ロシア帝国の復活である。

バルト諸国は、再び冷酷なロシアという乱暴者の前に見捨てられることになるだろう。ウクライナ、モルドバ、ジョージア、アルメニアにおける民主主義への期待は、ロシアによるクーデターや侵略の波に飲み込まれてしまうだろう。専制的なロシアは、自国の指示に従う従属国や傀儡国家を再び囲いこむだろう。

権威主義の影は、北京からも伸びてくるであろう。自己主張とナショナリズムを強めた中国は、東南アジアや南シナ海にとどまらず、インド洋や、西は中東、東は太平洋の奥深くまで、拡大する戦略的野心への服従を要求し、強要するだろう。

　中国が技術的優位と世界的リーダーシップへの歩みを続ける中で、衰退し、士気を失い、信用を失ったアメリカは、民主的な台湾が中国の共産主義独裁体制に強制的に吸収されないよう防衛すべく戦争をするか否かを決断しなければならない。日本、韓国、および他のアメリカの同盟国が、民主的な政治システムへの侵入や弱体化を試みる北京の動きに抵抗できたとしても、中国の専制主義の台頭は、他の民主的なアジアの多くの地域（あるものは中国の専制主義の台頭にさらされ、ひどい場合には見捨てられた状態となっている）の自由を脅かすことになるだろう。

　これは歴史上の重要地点となる。腐敗した中国マネーの影響力が、政党政治、メディア、そして政府の民主主義勢力を侵食していく時代にあって、世界におけるパワーと推進力が大きく変化するなか、ラテンアメリカの民主主義はどうなるのだろうか。自治と人権の価値を大切にする勇敢な反体制派やデモ隊は、中国の進展とアメリカの後退を受けて、思想としての民主主義の道徳的な力をどのように主張するだろうか。アフリカのエリートたちが、パワーの風が世界でどちらに吹いているかを明確に見分けるなか、弱体で暫定的な民主主義国のうちいくつが生き残るだろうか。利益のために、どれだけの多国籍企業が独裁者の勝ち馬に乗らざるをえないと結論づけるだろうか。検閲と共謀を独裁者から要求されたグローバルな放送局やソーシャルメディア企業のうち、どれだけの企業がこうした要求に抵抗するだろうか。

　そのような近未来には、私の仲間の専門家たちは、もはや「民主主義の侵食」を語っていないだろう。一九七〇年代にダニエル・パトリック・モイニハンが語った、「自由民主主義は、世界がかつて存在した場所であって、これから存在する場所ではない」という厳しい見方を思い起こしながら、民主主義にとって絶望的な時代へと下降しているだろう。過去に世界はこうした下降スパイラルから抜け出したが、それには目的意識をより強く持ったアメリカの新しいリーダーシップが必要だった。一九三〇年代の地球はそれほど幸運ではなかった。世界的な民主主義の崩壊は、台頭してきた独裁国家からなる枢軸国と、経済的に疲弊し自信を喪失した民主主義国集団の間における、壊滅的な世界大戦勃発へと導いた。(5)

いま危機に瀕しているのはこうしたことである。リベラルな規範と憲法に立脚した民主主義の拡大は、世界の平和と安全にとって重要な基盤である。それが崩壊すれば、われわれの最も基本的な希望や前提が損なわれる。

問題は、単に基盤が弱体化しているということだけではない。われわれは、世界の崖っぷちに立たされているのである。この十年間、崖は徐々に崩れてきている。このまま侵食が続けば、民主主義が突然破綻し、世界は第二次世界大戦後に見たことのないような抑圧と侵略の深みにはまる転機が訪れるかもしれない。私は政治学者として、われわれの理論やツールが、そのポイントにどれだけ近づいているかを教えてくれるほど十分ではないことを知っている。実際にそうなってみないとわからないのである。

灰の下の火

これらのことは、パニックを助長すべきものではなく、決意を促すべきものである。広範囲にわたる民主主義の侵食という状況に希望の兆しを見出すとすれば、それは、多くの権威主義体制がそれほど安定していないということである。ソビエト連邦がどのように政治的に破綻したかを思い出してほしい。最初は徐々に（ほとんどの観察者が真剣に受け止めていない硬化の兆候があった）、そして突然に。

一見強靱に見える独裁大国のいくつかは、厳しい状況に直面している。イラン・イスラム共和国は二〇〇九年、緑の運動として知られる抗議活動で瀕死に陥った。政権は生き残り、無慈悲な取り締まりを行ったが、イラン経済が低迷するなか、イラン国民は大胆にもアーヤトッラー（宗教学者）に反抗し続けている。

アフリカで二番目に多い一億人以上の人口を抱えるエチオピアも同様である(6)。包囲されたエチオピアの政権は最近、二〇一八年四月に首相に就任した若々しいアビィ・アハメドに目を向け、恐ろしいほどに老朽化した同国の権威主義体制を開放するための政治改革を開始した。彼の突然の出現は、ミハイル・ゴルバチョフと比較される。アビィは、政治的抑圧、地域紛争、エリートの土地収奪、少数民族による支配に人々が辟易した同国において、若者や中枢から排除された民族を結集させた(7)。これらは、民主主義への移行を確実にするものではないが、その扉を開いた。

中国とベトナムは、世界で最も安定した独裁国家だが、それぞれの政治体制は、成功している権威主義に典型的に見られる二つのジレンマに直面している。経済成長に伴い、両国社会の人々は教育を受け、洗練され、多様化するため、自由や透明性が欠如した状態にいつまでも満足することはできなくなるのである。また、中国とベトナムにおける一枚岩の一党独裁体制は、突然発生した危機をめぐってシステム内部では実現できないような変化や説明責任が強く求められた場合、政治的な激震の影響を受けやすい。ただし、中国の市民が、共産党政権が世界支配への道を歩んでいると考えれば、このような変化は起こらないであろう。

多くの専門家は、ソーシャルメディアやその他のフィードバックメカニズムを活用して、人々の不満が政治的に脅威となる前に対応するという、完璧な独裁の方程式を中国共産党が見つけたと論じる。しかし、中国のシステムが持つ権威主義の強み、つまり透明性の欠如は、最終的には中国を破綻に導くかもしれない。共産党の監視と統制が強化される一方で、習近平国家主席の権限に対する制限がなくなっていること以外には、北京の権力の回廊で何が起こっているのか、実際にわかっている人はほとんどいない。このことは、欧米に旅行したこと（あるいは住んだこと）があり、自由と法の支配の魅力を知っている多くのビジネスマンや専門家にとっては、いらだちの要因となっている。

世界で最も人口の多い五十カ国の中には、パキスタン、バングラデシュ、トルコ、ナイジェリア、タンザニア、ケニア、モザンビーク、モロッコなど、少なくとも競争的な多党制の選挙という形式的な構造は持っている非民主主義国が数多く存在する。形式的な構造がすでに存在し、何か意外な展開

（与党の分裂、民衆感情の変化、軍部の危機など）によりシステムが見かけだけの民主主義から本当の意味での民主主義に移行する場合、その国が民主主義を受け入れるのは容易である。世界で最も強力な民主主義諸国が民主的な変化をもたらす力を支え、不服な独裁者に圧力を掛けるならば、これらの国すべてではなくとも、いくつかの国で実際に変化が起こるだろう。

歴史には、悪い意味でも良い意味でも、われわれを驚かせる方法がある。希望についての新たな教訓が必要であれば、二〇一八年五月のマレーシアがそれを提供している。世界で最も持続性のある独裁体制の一つが、六十年にわたり権力の座を保持した後に崩壊したのである。マレーシアの一党独裁体制は、メディア、ビジネス、金融システム、司法などを支配する大規模な制度的優位性を利用し、過半数の支持を失っても議会の決定的な多数派を「獲得」し続け、かつては不死身のように見えた。しかし、ナジブ・ラザク首相と彼の与党は、政権を握ってから十年近くが経ち、得票率が三分の一にまで低下し、優位性を保つことができなくなった。そのきっかけとなったのは、第10章で紹介した驚愕の汚職スキャンダルであった。数十億ドルの公的資金が忽然と消え、そのうち七億ドルはナジブの個人口座に入ったと言われるものである(8)。アメリカ司法省や国際機関による犯罪捜査や訴訟は、クレプトクラシーの網の目を明らかにする上で重要な役割を果たした(9)。与党が分裂し、野党が結束し、国民が汚職に憤慨するなか、マレーシアは史上初の民主的な政権交代を果たしたのである。

マレーシアのドラマは、選挙で選ばれた権威主義政権の多くにおいても見られる特徴である。安定しているように見えて、実はそうではないのである。複数政党制において選挙を繰り返すことで正統性を主張できるという強みは、同時に弱みでもある。選挙での敗北という現実的なリスクに伴う規律を欠き、独立した司法、自由な報道、活発な市民社会によるチェック機能を欠くこのような政治体制は、汚職や人権侵害が耐えられないレベルに達したときに、投票所や街頭で市民の反乱に遭う慢性的なリスクを抱えている。選挙不正、検閲、反対派への脅迫といったおなじみの統制手段は、一定程度しか機能しない。政権の暴走が過度に悪化したり、社会がより豊かで高学歴になったりすると、人々は傲慢で利己的な独裁に耐えようとする気持ちを失っていく。発言権、説明責任、法の支配を強く求めるようになり、それを実現するために個人的なリスクを負うこともいとわなくなる。

このような政治体制は、二つの要因によって崖っぷちに立たされることが多い。一つは長期的な変化である。社会経済的な発展が、教育を受け、資源を持ち、要求の多い市民を作り出す。その結果、まず都市部、専門職階級、そして若者（とくに今日のスマートフォン世代）の間で反対勢力が結晶化する。第二の要因は、政権内の分裂である。それによってリーダーシップが破壊され、新たな協力関係を築く道が開かれる。マレーシアではこの二つの要素が重要な役割を果たした。他の独裁国家でもこのような要因が現れることが予想され、現れた場合にはわれわれはこれを促進すべきである。

マレーシアと同様、ロシアでも、経済成長と情報アクセスの向上により、新しい世代が台頭してきた。彼らもまた、本当の選挙、表現の自由、真に説明責任を果たす政府、そして法の支配を求めている。つまり、民主主義を求めているのである。こうした教育を受けた若いロシア人たち（十二歳の若者もいる）がいなくなることはない。[10]

二〇一一年十二月にソビエト連邦崩壊後のロシアで最大規模の街頭デモが行われると、ウラジーミル・プーチンはこれに危機感を覚えるとともに激怒し、騒乱を煽ったとしてヒラリー・クリントン国務長官およびアメリカを非難した。しかし、ロシア国内の約二六都市で人々が再び動員され、プーチンの四期目の大統領就任に抗議した。(11) ドナルド・トランプがホワイトハウスに入った今、プーチンは誰を責めればいいのだろうか。選挙独裁主義が一見頑強に見えるのは、そうでないことがわかるまでの間のみである。表面は威圧的で穏やかだが、その下で今、ロシアでは、クレプトクラシーに辟易し、沈黙を続けはしないであろう都会で教育を受けた若い市民の世代がうごめいている。

プーチンは心の底ではこれをわかっているからこそ、マレーシアにあったようなレベルの野党を選挙で認めはしないであろう。ロシアの二〇一八年三月の大統領選挙は、唯一の真の野党候補であるアレクセイ・ナワリヌイが出馬を禁止された茶番劇だった。プーチンは巨大なクレプトクラートだが、彼の政治体制の安定性を過大評価してはならない。彼のクレプトクラシーは、資金、プロパガンダ、強制手段を圧倒的にコントロールしている。しかし、その不安定さも同様に巨大である。

だからこそ、プーチンは他の独裁者の没落に狼狽するのである。スタンフォード大学での私の同僚であるマイケル・マクフォールが二〇一二年一月にアメリカ大使としてモスクワに着任したときから、プーチンは、彼に対して執拗なプロパガンダ攻撃を行った。クレムリンのキャンペーンに見られる動機の一つは、マクフォールが二〇〇五年にジャーナル・オブ・デモクラシー誌上で発表した論文にあった。この論文でマクフォールは、二〇〇〇年から二〇〇四年にかけてセルビア、ジョージア、ウクライナで起きた不正選挙に対する「カラー革命」を促進し、それぞれのケースで民主主義への移行をもたらした条件を分析していた。[12] プーチンは、マクフォールが野党のための政治空間、不人気な現職、統一的な野党、政権内の分裂といった民主主義の条件を促進するためにロシアに来たと恐れたのである。ロシアのように資源に富み冷酷な政治体制を一人のアメリカ大使が崩壊させることができるのではないかと独裁者は恐れており、心の底では自信がないのである。

独裁体制の崩壊にとってもう一つの決定的な要因は、勇敢な野党のリーダーシップである。プーチンに対して最もカリスマ的で効果的な対抗者であったボリス・ネムツォフは、二〇一五年二月にクレムリンから少し離れた場所で射殺された。マレーシアでは、野党指導者のアンワル・イブラヒムは何度も中傷され、過去二十年の半分近くを独房で過ごした。

二〇一四年十一月、でっちあげられた同性愛行為罪での二度目の有罪判決に対する控訴の最終段階を目前に控えたアンワルは、スタンフォード大学で「イスラム教と民主主義」をテーマにした学術講演を行った。講演でアンワルは、イスラム教が宗教の自由、良心の自由、表現の自由、法の支配を含む自由民主主義と両立することを、大胆かつ率直に宣言した。また、イスラムの名のもとに台頭するマレーシアの民族宗教的偏見を正面から非難し、最後に、二十世紀初頭のチュニジアの詩人であり、後にアラブの春でチュニジアやエジプトのデモ隊に影響を与えたアブ・アル＝カシム・アル＝シャビの言葉で締めくくった。「人々が生きようとすれば」、アンワルはこの詩人の言葉を引用して言った、「鎖は必ず切れる」。

激しい拍手が鳴り止み、学生や教員のファンが殺到した後、私はアンワルを引き止めて、スタンフォードの牧歌的なキャンパスを少し散策した。私は彼に個人的に聞きにくいことがあり、その場には心苦しい雰囲気が漂っていた。彼がマレーシアに戻れば、おそらく有罪判決が下され、また長い間、独房で過ごすことになるだろう。最初の出所から十年が経っていた。彼は六七歳だった。私は、彼が次の長い刑期に耐えられないのではないかと心配した。

「ここで暮らしたらどうですか。」私はそう尋ねたが、本当はそう訴えたかったのだ。「アメリカに政治亡命することもできる。ここからもマレーシアの民主化のために活動できる」、と伝えた。

「私は帰らなければならない」、とアンワルは答えた。「闘争はマレーシアで起きている。もし私が帰らなければ、政権は私を臆病者、逃亡者として描き、私は正統性を失うでしょう」、と。

これを表す言葉は「勇気」以外にない。これはよく使われる言葉だが、現代では実際にはほとんど見られないものである。その時私は、勇気というものをその瞬間に、生身の人間の中に見ていることに気づかされた。このような光景を再び目にすることがあるかはわからなかった。しかし、私はこれを見ることになった。しかも、何度も。

その二年半後、オスロ・フリーダム・フォーラムで、ボリス・ネムツォフの仲間であり、クレムリンが稀少な毒物で二度も暗殺を試みたジャーナリストのウラジーミル・カラ＝ムルザに会った。二〇一七年五月のオスロ会議は、カラ＝ムルザの二度目の暗殺未遂からわずか三カ月後だった。暗殺未遂に遭うたびに、モスクワにいるカラ＝ムルザの担当医は妻に対し、彼は生命維持に必要な器官が停止しており、助かる可能性は五％しかないと警告していた。二回目の回復後、医師は「もし三回目の試みがあれば、あなたは助からない」と厳しく警告した。

ノルウェーでカラ＝ムルザに今後の予定を聞くと、二〇一四年のアンワルとほぼ同じ答えが返ってきた。「完全に回復したら、ロシアに戻る」と彼は言った。私は愕然とした。彼に会ったばかりだったが、プーチン政権下のロシアには戻らないでほしいと訴えた。彼は動じなかった。「いつかは帰らなければならない」、と彼は言った。「戻らなければ闘争心を失い、変化をもたらす能力を失ってしまう」、と。

このような勇気は、われわれを鼓舞する。トランプ、オルバーン、プーチンの時代には、恐怖や怒りから行動を起こすことができる。しかし、恐怖は感覚を麻痺させ、怒りは人を分極化する。それよりも、自由はすべてを賭けて守る価値があるという信念と、自由と正義を重んじる人々が賢く不屈の精神で団結すれば勝利できるという、われわれの国を含む無数の国家的闘争によって確認されてきた希望によって駆り立てられるほうが良い。

われわれは恐ろしい時代に生きている。しかし、私がこの本を書こうと思ったのは、単に恐れや警戒心からではない。自由のためにすべてを賭けることを選んだ世界中の民主活動家たちから得た希望とインスピレーションに駆り立てられたのである。軍事独裁に屈することを拒否してビルマで十一年間も独房で過ごしたジンマーアウンのことも考えた。アンゴラで殺人の脅迫や投獄をものともせず、クレプトクラシーを暴露したラファエル・マルケス・デ・モライスも脳裏に浮かんだ。不屈の人権擁護者であり、かつて国連の平和的集会および結社の自由の権利に関する特別報告者を務めたマイナ・キアイや、ジャーナリストで汚職防止活動家のジョン・ギトンゴのように、生活や命が危険にさらされながらも活動を続けているケニア人のことも思い浮かべている。三十年以上にわたり、ケニアの腐敗した権力者たちは、キアイを警告したり、買収しようとしてきた。「何が望みだ?」と彼らは言う。「言ってみろ」、と。彼は決して揺るがなかった。「これが私の価値観だ」と彼は答えていた。「これが私だ。私は生涯、民主主義と正義のために戦ってきた」と。(13)

これこそが、独裁者が不安を抱くものなのである。つまり、残酷な仕打ちや中傷、弾圧に直面しても、これらの活動家が諦めない、ということである。テヘランでもカイロでも、モスクワでも北京でも、暴君を悩ませ、安眠を妨げているのはこの恐怖である。二〇一一年のアラブの春で民主化運動の人々に広く引用されたアル＝シャビの最も有名な詩には、次のような一節がある。

> 待て！　春や空の透明感、夜明けの光に惑わされてはいけない。
> 地平線上には、暗闇の恐怖、稲妻の轟、風の唸りがある。
> 気をつけろ。灰の下には火がある。(14)

「アメリカ・アローン」の回避

われわれは岐路に立っている、というのは陳腐な表現だが、われわれは実際岐路にある。民主主義の崩壊という殺人的な波の危険性は、現実に高まっている。ロシアの怒り、中国の野心、そしてアメリカの無関心の風が吹き荒れている。これらの風は、世界中の独裁者たちに政治的な余裕と快適さを与え、彼らの支配力を強めている。後退は次から次へと起こる。地政学的な推進力が今日の非リベラルなポピュリストの背後にあるように、彼らは経済的な不安や、民族的・宗教的な偏見を利用して権力を握る新たな可能性を感じている。観察しあい、助け合いながら、独裁を目指す者たちは、恐怖心を煽り、国民を分断し、権力に対する憲法上のチェック機能を失わせる新しい技術を発見する。

われわれにはまだ、この蝕まれた風を覆すことができる。世界に新たな自由の萌芽を生み出す手助けをすることもできる。しかし、民主派を支援し、独裁者に圧力をかけ、ロシアや中国の悪質な勢力拡大に対抗するアメリカの強力なリーダーシップがなければ、それは実現しない。

グローバル・リーダーシップとは、アメリカの世界支配を意味するものではない。そのような時代は過ぎ去った。しかし、アメリカは友好国や同盟国に騙されており、今は何よりも自国の利益を最優先に主張しなければならない、などというトランプの執拗な主張と、アメリカのリーダーシップというものは全く相容れない。もちろん、どの国も自国の利益を最優先する。しかし、「アメリカ・ファースト」をしきりに叫ぶことは、世界中で「アメリカ・オンリー」と受け取られ、「アメリカ・アローン（アメリカの孤立）」という自滅的な道を突き進むことになる。

権威主義の拡大と民主主義の衰退という憂慮すべき世界的傾向を覆すためには、何よりもまず、同盟関係を堅持する必要がある。つまり、NATOへのアメリカの揺るぎないコミットメントと、同盟国一カ国への攻撃はすべての同盟国への攻撃であると定める重要な北大西洋条約第五条の相互防衛条項に対するコミットメントである。それは、NATOを経済・政治的に補完する重要な存在であり、かつ、民主主義諸国のより大きな共同体として不可欠な構成要素であるEUへの支援となる。そしてこれは、われわれの裏庭にある米州機構を含む、民主主義の決意を共有する他の共同体へのコミットメントを復活させることになる。

アジアにおける広範な民主化には時間が掛かるであろうが、中国がアジアに影を落とすなか、アジアには二つの重要な利点がある。第一に、ほとんどのアジア人およびアジアの政府は、中国の覇権に代わるものを切望している。それはアメリカの覇権ではなく、どの超大国もこの地域を支配せず、アジア諸国が自らの運命を自由に決定できるような流動的なパワーバランスである。これは、アメリカがアジアに積極的に関与し、シーレーンの開放性を確保し、台湾やその他の民主主義国政府を中国の軍事的威嚇から守り、民主主義の規範や制度の発展を支援し、中国の支配に代わる地域経済を構築することによって初めて実現できるものである。

第二の利点は、アジアが経済的・社会的に急速な変革を続ける地域であるということである。習近平をはじめとするアジアの独裁者たちは、中国モデルだけが「アジアの価値観」に適合すると主張するかもしれないが、教育、情報、所得のレベルが上がるにつれ、アジアの人々は自由と自律性に対する思いを強め、中国モデルとは別の方向に向かっている。中国の裏庭でも、普遍的な価値観である民主主義の理想が優位に立っているのである。しかし、ヨーロッパや日本、そして何よりもアメリカの支援がなければ、彼らは勝利を手に入れることはできないだろう。

　これらはすべて、ドナルド・トランプが登場し、彼が世界情勢に対して拝金主義的かつ取引的で、魂のないアプローチを開始する前の、希望に満ちた過ぎ去った時代の古風な理想主義のように聞こえるかもしれない。しかし、議会、職業外交官、国家安全保障に携わる専門性の高い官僚、さらにはトランプ自身が任命した外交政策の要職に就く人々の中にも、ヨーロッパやアジアにおけるアメリカのリーダーシップに対して強い思いを持つ人々がおり、人権擁護、民主化支援、経済成長促進、自由貿易推進、テロとの戦い、ロシア・中国・イランによる力の投射に対抗するための世界中でのアメリカの精力的な活動に対する強い信念を持つ人々がいる。

　たしかに、共和党の支持者の多くは、トランプの冷笑的で、親プーチン的、そして内向きなアプローチを受け入れている。しかし、これは外交政策に関する毅然とした信念というよりも、指導者として、象徴として、そして不当に扱われている大義を示すものとして、トランプを部族的に受け入れているということのように見える。われわれはまだ、世界におけるアメリカの民主主義的リーダーシップを再確認し、民主主義の価値を伝え、デジタル時代の誤情報に対抗する新世代の公共放送と外交を立ち上げることができる。

　しかし、これを実現するには、別の大統領が必要である。トランプが権力の座にとどまればとどまるほど、世界におけるアメリカの地位、民主主義国間の同盟関係、職業外交官や兵士、スパイなどへのダメージはより深く永続的なものとなる。ひいては、現代史において最高レベルの自由と人類の発展、主要国間における最長の平和を確保してきたリベラルな世界秩序に、トランプが与える甚大なダメージを跳ね返す能力も失われていくだろう。

無関心への対抗

民主主義への脅威、そして真実、寛容、人間の尊厳への攻撃は、ますます大きくなっている。しかし、そこには明るい兆しがあるかもしれない。シェイクスピアは『ヘンリー六世』の第三部で、「蝕まれた風の吹く先も悪いことばかりではない」と書いている。トランプの時代に、国籍、年齢、民族、信仰、性別、政党を問わず、民主主義を信じる人々が、民主主義を守るために団結するかもしれない。

今日、ロシアの最大の問題がその煮えたぎる怒りにあり、中国の最大の課題が高い野心にあるとすれば、アメリカの民主主義の最大の弊害は、深刻な無関心にある。われわれは、あまりにも長い間、あまりにも多くのことを当然視してきた。

二〇一八年の中間選挙が近づくなか、スタンフォード大学の私の教え子であるマシュー・ウィグラーは、その年の夏、全米の激戦が予想される選挙区で有権者や候補者にインタビューを行った。カリフォルニア州のセントラルバレーで、彼は二十歳のあるヒスパニック系アメリカ人女性に会った。彼女はドナルド・トランプとその移民政策、銃、そして（彼女の言葉を借りれば）「子供を閉じ込める」政策に嫌悪感を抱いていた。しかし、十一月に投票はおそらくしないと認めた。「投票することには賛成だけど、時々怠けてしまう」と彼女は言った。(15)

彼女だけではない。大統領選挙の年でも、アメリカにおける投票率は先進民主主義国の中で最も低い水準にある。[16] 投票しない人は、若くて教育水準が低く、ラテンアメリカ系やアジア系アメリカ人に偏っている傾向がある。[17] 投票率を低下させているのは、無関心、競争や選択肢の欠如などのほか、共和党が支持する十以上の州法により、州が発行する特定の種類の写真付き身分証明書がないと、有権者登録、期日前投票、投票が困難になるよう定められていることなどである。[18] より多くの人々が関心を持ち、情報を得て、実際に投票するように動員しなければ、民主主義を活性化することはできない。二〇一八年の中間選挙では、投票率が大幅に上昇したが、民主主義を活性化するためには、投票しない人に働きかけて奮起させる大規模な草の根活動に加えて、有権者を投票から遠ざけている要因に対処し、選挙にはっきりとした選択肢を与えるための法的措置や選挙制度の改革が必要となる。

アメリカの民主主義を再生するための私のアジェンダは、すでに読者の皆さんにもご覧頂いている。これらは野心的ではあるが、達成可能である。二〇一八年、メイン州の有権者は、あらゆる困難に直面しながらも、豊富なリソースを持つ皮肉な既存の政治家たちに立ち向かい、選挙制度を変更して競争を活性化させることに成功した。この勝利は、草の根の市民活動家たちの粘り強い努力の賜物である。そしてその結果、優先順位付投票制やその他の改革を導入し、より広く意味のある選択を可能にすることへの関心が全国的に高まっている。マサチューセッツ州、ミネソタ州、ウィスコンシン州、カリフォルニア州、ニューメキシコ州などで、選挙制度改革の機運が高まっている。また、党派的なゲリマンダーは法的な批判にさらされるようになっており、民主主義の弊害を食い止めるためのボトムアップの取り組みが行われている。

改革派のエネルギーが新たに生まれているのは、リベラルな都市や進歩的な州だけではない。アラスカ州、ミズーリ州、ノースダコタ州、ユタ州といった共和党支持者の多い州や、アリゾナ州、コロラド州、ネバダ州、オハイオ州などの激戦州でも、ゲリマンダーの解消、汚職の撲滅、透明性の向上、投票権の保護・強化を目的とした法案や有権者によるイニシアティブが可決されている。[19] これらの変化に共通しているのは、変化をもたらすために市民が自らを組織化している点である。アラスカでは、市民団体レプリゼントアラスカが、ロビイストによる政治家への献金を制限し、利益相反規制を強化し、予算を期限内に通過させることができなかった場合には議員の日当を停止するという汚職防止イニシアティブを支援した。選挙前の世論調査でこのイニシアティブが八四％の支持を得たことから、共和党が多数派を占めるアラスカ州議会は、十一月の選挙で有権者からの逆風が吹き荒れないよう、先手を打って二〇一八年七月にこの条項を法制化した。[20]

しかし、法律を変えることは、分極化を軽減し、より機能的な民主主義を再構築するための唯一の道ではない。超党派の新しい取り組みである「ウィズ・オーナー」は、徹底した党派主義ではなく、超党派的な問題解決と市民的な論調を受け入れることを誓って下院議員に立候補する両党の退役軍人に対する支援を開始した。[21] 二〇一八年十一月には、同団体が推薦した約四十人の退役軍人の半数近くが下院議員に選出され、議会における退役軍人の数は過去十年間で最多となった。[22] その中には、メイン州で優先順位付投票制により当選した元海兵隊員のジャレッド・ゴールデンや、アフガニスタンで片目を失った元アメリカ海軍特殊部隊のダン・クレンショーが含まれる。クレンショーは、退役軍人の日に国民の団結を訴えるメッセージを発信し、クレンショーの眼帯を馬鹿にしたサタデー・ナイト・ライブという番組の出演者ピート・デヴィッドソンの謝罪を快く受け入れたことで、サタデー・ナイト・ライブの幅広い視聴者を魅了した人物である。その他、ノー・ラベルズや超党派政策センターなどの超党派組織は、共和党と民主党が協力して国の緊急課題に取り組める政治情勢形成のために活動している。

われわれが毅然とした態度で臨めば、トランプ時代の後にも、アメリカ民主主義の建国精神を復活させる新たな進歩的な時代、つまり普通の人々が立ち上がって巨大企業や不透明な特別利益、凝り固まった党派的寡頭政治から権力を取り戻す時代がやってくるかもしれない。

しかし、それはわれわれに掛かっている。現在は、アメリカの民主主義にとって実存的瞬間である。われわれは、偏見、恐怖、移民排斥主義、偏見、そして誤情報の荒波からアメリカの民主主義を救うことができる。しかし、それを失う可能性もまたある。それこそが本書の中心的な警告である。権力の濫用、意図的な分断、市民的自由の着実な侵害によって民主主義が劣化し、国内外を問わず、民主主義を守ることも鼓舞することもできなくなるかもしれないのである。アメリカの民主主義は不滅で不死身だと思いたい。そのようなことはここでは起こりえないと思いたい。しかし、それは起こりうることなのである。

民主主義の規範や制度に対する破壊がとどまる自然で橋渡し不可能な地点があると仮定するような

傲慢さも無関心さも持つことはできない。どのような民主的憲法も、自分で強くなっていくわけではない。それを守るためには、権威と責任のある立場の人間が必要である。議会の共和党議員は今のところ、そのテストに失敗している。メディアはより堅実だが、一部の頑固な保守系メディアは、トランプが導くところならどこへでもついていく用意があるようである。司法はしばしば賢明な判断を下してきたが、まだ完全には試されていない。司法も党派的な分極化の影響を受けないわけではなく、すでにトランプの暴挙の一部を甘受している。

そして、最後の防衛線である「われわれ人民（We the People）」にたどり着くことになる。あなたと私、そしてわれわれ全員が、専制政治への転落を防ぐ上でアメリカの究極の障壁なのである。この障壁は、つねに強化されていなければ成り立たない。

民主主義は、目に見えなかったり自動的なプロセスによって自己改革をすることはない。惰性、無関心、恐怖から市民が目を覚ます必要がある。誰もわれわれに変化を求めてはくれない。

われわれの民主主義が心配ならば、投票してほしい。そして、できるだけ多くの人々に投票させてほしい。医療や環境、経済などの政策選択は重要であるが、今の選挙はそれ以上に重要な意味を持っている。ドナルド・トランプと民主主義の党派的腐食の時代において、われわれの投票は、憲法上のチェック・アンド・バランス、そして法の支配の下におけるわれわれの権利に関する運命を決定する。

苛烈な分極化、利害の対立、権力の乱用に辟易しているならば、変革のために活動してほしい。レプリゼントアス、フェアボート、コモン・コーズなど、自分の州やコミュニティで民主主義の改革を目指して活動している団体を見つけ、その活動に参加してほしい。また、われわれの間の溝を埋めようと活動しているニスカネン・センターのようなシンクタンクや、ノー・ラベルズのようなアドボカシーグループを支援することもできる。人種や宗教の多様性を訴えるアメリカ自由人権協会、全米黒人地位向上協会、南部貧困法律センターなどの団体や、教会、モスク、シナゴーグなどを支援し、偏見と戦うこともできる。ブレナン司法センター、責任ある政治センター、サンライト財団、「プロテクト・デモクラシー」、「スタンドアップ・リパブリック」など、この危機的状況下で民主主義を守るために活動している団体の優れた調査や主張も見ておいてほしい。(23) そして礼節の文化を破壊するのではなく、回復させる言葉を添えて、ニュースをソーシャルメディアで友人やフォロワーに広めてほしい。

私は民主主義の研究に人生を捧げてきたが、他の人々と同じ一市民である。私の一票が他の誰の一票と比較しても重いということはない。だからこそ、同胞である市民の皆さんに究極の訴えをしたい。より良く、より公平で、より透明性の高い民主主義を目指す運動に参加してほしい。それは長くて困難な闘いのように見えるかもしれないが、退屈なものではない。その過程で、隣人と出会い、友人を作り、自分を高めてくれる人を見つけることができるだろう。怒りや不満を感じることもあるだろうが、崇高な共通の目的のためにつながることで、意味や喜びを見出すことができるだろう。そしてそれは、最終的には歴史の流れを変えることになる。世界中の民主的な同盟国や運動を支援する外交政策のために投票し、主張してほしい。自由と自治のための闘争の歴史に関する若者への教育を支援してほしい。このすばらしいが壊れやすい贈り物を、それぞれの世代が発見し、受け入れ、更新しなければならない。

自分たちの自由が掛かっていることを理解し、アメリカの価値観のために戦うことは、民主主義国における市民の義務である。そう、義務なのである。

謝辞

十年以上前に『浪費された勝利（*Squandered Victory*）』と『民主主義の精神（*The Spirit of Democracy*）』を出版して以来、幅広い読者に向けて別の書籍を書こうと、いつも考えていた。しかし二〇一六年までは、民主主義の運命に関してここまで不安や警告に満ちた本を書く必要性が生じるとは、想像もしていなかった。二〇一六年十一月にドナルド・トランプが大統領に選出され、当時世界を席巻していた非リベラルなポピュリズムがさらに高まると、このような本を書く緊急性が増したと感じるようになった。そうした時に、ペンギン・プレスのウォーレン・バス編集長から依頼を受けて、この着想を本にまとめるに至った。私に創造的な助言を与え、ペンギンプレスとの深い満足のいく関係を築いてくれた私の代理人、そして友人でもあるスコット・メンデルに、あらためて深い感謝の意を表する。

ウォーレン・バスがペンギンプレスに在籍していた時に初めて担当してくれたのが本書であることを光栄に思うとともに、彼には大きな恩義がある。ウォーレンは単に私の編集者というだけでなく、本書執筆の最初から最後に至るまで、欠かせないパートナーであった。彼は、閉ざされた学術界の外にいる読者の興味を引くような書籍を構想し、構成し、バランスを整える手助けをしてくれた。各章の草稿を何度も修正してくれたウォーレンの才能溢れる厳格な編集は、原稿をより読みやすく、論理的で、情熱的なものにする上で計りしれないほどの助けになった。本書が、自由に関心を持つ多様な読者に情報を提供し、刺激を与えることに成功しているとすれば、それはウォーレンの功績によるところが大きい。

ペンギンプレスで一緒に仕事をする機会に恵まれたすばらしいチームにも心から感謝したい。キャロライン・シドニーは、ウォーレンとともに原稿の編集と出版準備を行ってくれた。ウォーレンが二〇一八年十月にウォールストリート・ジャーナルに復帰した後は、キャロラインが並外れた勤勉さと華麗さ、そして陽気さで、本書の最終的な編集と制作を見事に管理してくれた。トレント・ダフィーは、原稿の校正を徹底的に、慎重に、そして鋭敏に行ってくれた。ブルース・ギフォーズ、索引の作成で優れた仕事をしてくれたコーエン・カルース、ファクトチェックをしてくれたジェーン・カボリーナにも感謝している。

本書の作成にあたっては、スタンフォード大学大学院国際関係学研究科修士課程二年のレオ・カービーが、本書のデータを管理・分析し、ソーシャルメディアの動向を把握するなど、優れた研究支援をしてくれた。また、サラ・グッドマン、ジャヤラム・ラビ、ライアン・チャンドラの三人の学部生アシスタントは、情報収集に精力的に取り組み、ヨーロッパやアメリカなど世界各地で急速に変化する政治情勢をつねに把握し、私に最新の情報を提供してくれた。また、私の専門およびスタンフォード大学のグローバル・デジタル・ポリシー・インキュベーターに関して私をつねに支援してくれた、サラヒ・ザルドゥンビデにも感謝している。

本書執筆の間、私は「アメリカにおける中国の影響力活動に関するワーキング・グループ」の共同議長を務めていた。この二つのプロジェクトは、時間的にほぼ完全に重複し、ワーキング・グループの研究と発見は、中国がアメリカおよび世界の民主主義に与える影響力に関する私の理解を大きく形成した。とくに、共同議長であるオーヴィル・シェルとプロジェクトのコーディネーターであるカイル・ハッツラーにはとくに感謝しており、ワーキング・グループの他の多くのメンバーからも学びを得た。民主主義制度の健全性に対する権威主義からの脅威として新たな形態である「シャープパワー」についての私の見解は、全米民主主義基金の民主主義研究国際フォーラムでの同僚、とくにクリストファー・ウォーカーとジェシカ・ルドウィッグの研究からも影響を受けている。クリストファー・ウォーカー、およびグローバル・デジタル・ポリシー・インキュベーターの共同幹事であるアイリーン・ドナヒューからは、ソーシャルメディアに関する章に対する洞察と有益な批評も頂いた。また、スタンフォード大学の同僚であるフランシス・フクヤマには、多くの章を読んでもらい、有益なコメントをして頂いた。

本書で引用されている記事の多くは、私が過去二九年間に共同編集を行ってきたジャーナル・オブ・デモクラシー誌に掲載されたものである。本誌の仕事に深く関わっていなければ、世界中における自由の運命に影響を与えるこれほど多くの国や問題を分析するだけの知識の幅を持つことはできなかったであろう。同誌での同僚、とくに私とともに共同編集を務めてきたマーク・F・プラットナーに対し、その協力に感謝するとともに、私の理解促進のために提供してくれた支援すべてに感謝する。同様に、これらの問題に取り組むための肥沃な知的環境を提供してくれたスタンフォード大学のフーバー研究所およびフリーマン・スポグリ国際研究所の多くの同僚にも感謝したい。

そして、民主主義を達成し、守り、向上させるための闘争に人生を捧げ、本書のプロジェクト過程でも辛抱強く時間と見識を提供してくれた活動家や実務家に最大の恩義を感じている。とくに、ジン・マー・アウン、ウラジーミル・カラ＝ムルザ、マイナ・キアイ、ラファエル・マルケス・デ・モライス、カーラ・マコーミック、ニコラス・オピヨ、黄之鋒、およびカール・ガーシュマン、デレク・ミッチェル、ケネス・ウォラックの七人（これらの人々はインタビューにも快く応じてくれた）に感謝し、本書を捧げたい。さらに全米民主主義基金、世界民主主義運動、そしてスタンフォード大学で私が知的拠点の一つとしている民主主義・開発・法の支配センターのドレイパー・ヒルズ・サマー・フェロー・プログラムのそれぞれに関わるすばらしいスタッフ、被助成者、フェローの方々にも心から感謝する。

なお、強調しておくが、事実誤認や解釈の誤りはもちろんのこと、本書の論調や内容についても、これらの団体や個人はいかなる責任も負わない。大学の教員として教室で超党派的な立場を徹底している私にとって、現職大統領の行動やレトリック、そして時には彼の政党内の多くの人々の行動やレトリックについても、本書で厳しく非難しなければならなかったことには、何の喜びも感じない。読者の皆さんには、これが党派的動機から行われたものではないことをご理解頂きたい。実際、大統領の所属する政党の多くの人々が、私と同様の憂慮を抱くに至っている。

最後に、一九六〇年の大統領選挙とケネディ対ニクソンのテレビ討論会から始まった私の民主主義への情熱の一部を授けてくれた亡き母に感謝する。友人や家族の献身と理解にも深く感謝している。そしてとくに、本書の執筆に苦労した一年間、私を愛し、笑いかけてくれた姉夫婦、リンダ・ラズニックとロブ・ラズニックに感謝する。

監訳者解説・あとがき

ミスター・デモクラシー

初めて会ったその瞬間から、物凄い熱量を感じた。ラリー・ダイアモンドに私が初めて会ったのは、二〇一八年にセネガルで開催された世界民主主義運動（World Movement for Democracy）の年次会議の際だった。クレプトクラシーのセッションに参加していたダイアモンドは、クレプトクラシーがいかに民主主義を後退させているかを論じていた。彼は顔を紅潮させ、机を叩き、国際社会が早急にこの問題に対処しなければならないと説いていた。「ミスター・デモクラシー」と呼ばれる所以を強く感じた。

民主主義研究をしている人で、ダイアモンドを知らない人はいない。ダイアモンドはこの分野で、研究内容を少しずつ変化させながら、質の高い研究を量産し続けてきた。初期にはナイジェリアの第一共和政に焦点を当てた『ナイジェリアの階級・民族・民主主義（*Class, Ethnicity and Democracy in Nigeria*）』（一九八八年）を出版し、その後民主主義の定着・促進・発展に関する研究にシフトして

『一九九〇年代における民主主義の促進（*Promoting Democracy in the 1990s*）』（一九九五年）や『民主主義の発展（*Developing Democracy*）』（一九九九年）を出版している。二〇〇〇年代初頭にはイラク連合国暫定当局の統治担当上級顧問として活動した経験をまとめ、サダム・フセイン政権崩壊後のイラクにおけるアメリカの民主主義体制構築の取り組みを批判的に分析した『無駄になった勝利（*Squandered Victory*）』（二〇〇五年）を出版。その後は民主主義の後退現象に焦点を当て、『民主主義の精神（*The Spirit of Democracy*）』（二〇〇八年）と『民主主義を求めて（*In Search of Democracy*）』（二〇一五年）を経て、本書の原著（原書名は *Ill Winds: Saving Democracy from Russian Rage, Chinese Ambition, and American Complacency*）が二〇一九年に出版されている。それ以外にも、共編著だけでも五十冊を出版しており、論文や各種論考に至っては数えきれない。そして「民主主義なき選挙――ハイブリッド・レジームを考える（Elections Without Democracy: Thinking About Hybrid Regimes）」（二〇〇二年）や「民主主義の不況に立ち向かう（Facing Up to the Democratic Recession）」（二〇一五年）など、ジャーナル・オブ・デモクラシー（*Journal of Democracy*）誌から発表された優れた論文の数々は、その時代における民主主義理解を形成してきた。

ミスター・デモクラシーの異名にもかかわらず、今日に至るまでの研究において、民主主義が抱える問題に焦点を当てることが多かったことは皮肉である。民主主義を信じ、比類ないほどに世界各国の政治体制を研究してきたからこそ、彼には民主主義のほころびが見えたのである。二〇〇〇年代はじめ、旧共産圏の民主化による民主化の「第三の波」の継続とさらなる拡大に世界が沸いていた頃にはすでに、民主主義国の増加に比べて自由の拡大が小さいことを指摘し、非リベラルな民主主義の台頭という現実を明るみに出していた。二〇〇〇年代後半には、市民的自由や政治的権利を深化させる国の増加率そのものが低下していると指摘し、過去十年ほどは民主主義が「不況（recession）」に陥っていると警鐘を鳴らしてきた。

民主主義の不況は、その後も新型コロナウイルスによるパンデミックを通じてさらに加速している。コロナ対策を口実としてハンガリーやマレーシアは議会を停止させ、フィリピンやインドはロックダウン違反者を見せしめにするような人権侵害を行った。エジプトやブラジルはフェイクニュースを禁止する措置を講じて政府のコロナ対策に批判的なメディアを取り締まり、エチオピアやミャンマーはコロナ関連情報の入手に不可欠であるはずのインターネットアクセスを遮断した。コロナによる民主主義状況のさらなる悪化を受けて、本書冒頭の日本語版への序文においてダイアモンドは、民主主義は単なる一時的な「不況」ではなく「揺り戻しの波（reverse wave）」に突入してしまったのかもしれないと記している。この言葉に、彼が持つ現状への深刻な危機感が現れている。民主主義の規範と制度は、衰退局面に入ってしまった可能性があるというのである。国際秩序は、深刻な変節点にある。

国内外を包括的に捉える研究の先駆けとしての本書

民主主義国内におけるポピュリズムの拡大に端を発する民主主義の弱体化については、多くの研究者が警鐘を鳴らしてきている。日本でもスティーヴン・レビツキーとダニエル・ジブラットの『民主主義の死に方』（新潮社、二〇一八年）や、ヤシャ・モンクの『民主主義を救え！』（岩波書店、二〇一九年）など、民主主義の後退に関する著名な書籍の翻訳が次々に出版されている。日本人研究者からも、川中豪編著『後退する民主主義、強化される権威主義』（ミネルヴァ書房、二〇一八年）や納家政嗣・上智大学国際関係研究所編『自由主義的国際秩序は崩壊するのか』（勁草書房、二〇二一年）などが次々と出版され、問題関心が共有されている。

こうした書籍の重要性が高いことは間違いない。他方で、中国、ロシア、イラン、サウジアラビア、ベネズエラなど、民主主義の侵食を企図して活動する権威主義国も近年増加し、その活動は影響力を増している。権威主義国のこうした影響力工作についても徐々に研究が行われており、日本でもクライブ・ハミルトンの『目に見えぬ侵略』（飛鳥新社、二〇二〇年）、クライブ・ハミルトン、マレイケ・オールバーグ『見えない手』（飛鳥新社、二〇二〇年）、川上桃子・呉介民編『中国ファクターの政治社会学』（白水社、二〇二一年）、小泉悠『現代ロシアの軍事戦略』（筑摩書房、二〇二一年）などが出版されてきている。ただし、権威主義国による影響力工作が民主主義に与える影響は、それだけで民主主義を瓦解させるものにはならない。国内での民主主義弱体化があるからこそインパクトが拡大するのであり、国内と国外の問題を一体的に論じる必要がある。

その点本書は、国内要因の分析を踏まえた上で、国外からの影響力工作や国境を越えるクレプトクラシーをも包含した議論を行っており、民主主義研究の中でもとくに包括的な議論を展開するものとなっている。権威主義国が行う影響力工作に関する研究分野でも第一人者であるダイアモンドだからこそ取ることのできるアプローチである。本書の原著出版とほぼ同時期には、『中国の影響とアメリカの利益（*China's Influence and American Interests*）』（二〇一九年）も共著で出版している。

ただし中ロの影響力工作を研究しているからといって、ダイアモンドの研究姿勢は反中・反ロに突き動かされているわけではない。リベラル民主主義の価値と制度に損傷を生じさせる原因を分析する中で、中国やロシアなどの権威主義国による影響力工作やクレプトクラシーの問題に辿り着いたのである。ダイアモンドが本書でアメリカの民主主義に見られる問題を何より批判的分析の対象としていることに、その姿勢が表れている。国家間におけるイデオロギー対立のツールとして民主主義を利用しようという姿勢は、ダイアモンドにはない。

ポピュリズムが拡大する現在の国際社会にとって必要なのは、このような包括的なアプローチである。ポピュリズムはさまざまな形態を取り得るが、ナショナリズムを利用した排外主義や一国主義的な動きとなることが多い。そしてポピュリスト勢力にとっては、中国やロシアの影響力工作やクレプトクラシーに関する研究は、敵視するこれら対外アクターの問題行動を明るみに出し、国内のナショナリズムをさらに強化する上で利用可能な材料となりうる。

この最大の実例は、トランプ大統領であったと言えるだろう。当初は中国政府によるウイグル族への監視を称賛することさえあったトランプが、中国の監視技術利用や他国への政治介入などを批判し対中強硬的な姿勢に転じるようになったことに、恣意的な対中政策の利用が見てとれる。この対中強硬姿勢は、主にアメリカ国内向けのパフォーマンスであった。ポピュリスト的かつナショナリスト的な反中あるいは反ロ姿勢をもとに権威主義国の影響力工作が民主主義に与える悪影響を論じても、リベラル民主主義を強化するロジックは生まれない。多数派がこれを（国内に住む外国人などを含む）少数派の人権を侵害する口実に用いられかねず、自由民主主義の重要な一側面である自由権を弱体化させることに影響力工作研究が利用される危険性がある。

国内・国外要因を一冊の書籍の中で取り上げることで、本書は特定のアクターに政治利用されにくいものとなっている。国外・国内の要因やアクターがいかに相互作用しているかを分析しなければ、自由や人権、法の支配やガバナンスの透明性といった、民主主義に欠かせない重要な側面がこれだけ弱体化された原因を理解することは不可能である。本書の包括的なアプローチは、自由民主主義の強化に向けて必要な対策を考える上で非常に有用である。

本書のあらすじ

自由民主主義の問題を包括的に取り上げることで、本書は十四章立ての大著となっている。各章ともに紙幅以上に内容に厚みがあり、どの一章をとっても最先端の議論が行われている。導入の第1章はアメリカ民主主義の弱体化が持つ象徴的な意味と、権威主義国による民主主義的価値への意図的な攻撃およびクレプトクラシー・ネットワークの構築が重層的な「包囲網」となり、民主主義の置かれている現状が通常考えられている以上に危険になっていることを明らかにする。第2章は、民主化および民主主義定着のための条件（翻ってそれがなければ民主主義が安定しない条件）を論じる。とくに、政府の「良い統治（グッド・ガバナンス）」が統治の正当性を高め、民主主義を安定化させるという軸を提示し、先行研究を用いてこの議論を裏付けている。第3章は世界においてこれまで民主化の波と揺り戻しが交互に見られてきたことを説明した上で、二〇〇〇年代半ばから見られるようになった民主主義の後退現象を第三の波の揺り戻しと捉え、第4章はこの揺り戻しの波を、とくにポピュリズムの観点から論じている。そして第5章は、トランプ大統領誕生以降のアメリカに焦点を当て、同国で民主主義の規範・制度がどのように攻撃されてきたかを論じている。

その上で第6および7章は、権威主義の大国であるロシアと中国の影響力工作を分析している。第6章はロシアに焦点を当て、プーチン大統領がいかに権力と財を私物化し、それを用いて民主主義を攻撃してきたかを明らかにし、第7章は中国による政治介入と影響力拡大のための活動を詳述する。中国はロシアよりもさらに多様なアクターと手段を用い、ロシアよりも長期的な戦略を取っているが、活動目的は同様だと指摘する。

こうした現象は、民主主義に対する支持自体が揺らいでいる証拠なのだろうか。第8章はこの問いに答えを与えるものだ。本章によれば、民主主義が最良かつ最も公正な統治形態であるとの無条件の信頼は揺らいでおり、アメリカのような古い民主主義すらも弱体化する結果となっているが、その一方で全体としては途上国でさえも現在も民主主義への支持は強いという。

そして第9章以下では、自由民主主義の危機をどう克服することができるかについて、処方箋を提示している。第9章は、中ロからの民主主義への攻撃に対して取るべき対抗手段として、現状理解の促進、軍事同盟の強化、中ロに対する一定の敬意保持、権威主義国における政治指導者と一般市民の峻別、民主主義的価値の維持、国際的リベラル秩序の強化、自国の民主主義立て直しの必要性を論じる。これら各手段は、次章以降で詳述されている。

第10章はクレプトクラシーから民主主義を守るための十段階のプログラムを提案し、第11章は海外の民主派アクターに対する支援拡充を提唱する。第12章はインターネットと民主主義の関係に焦点を当て、政府、企業、技術者などの協力により、インターネット空間の安全性を高め、民主主義への攻撃を抑制する具体的な方策を提示している。第13章はアメリカの民主主義を復活させることが民主主義擁護の要の一つであると論じ、その方法について提言を行っている。とくに、事実、科学、メディア、司法システム、移民、少数派、公務員、同盟国に向けられた攻撃に対する対処の必要性を重視し、それに向けた政治改革と市民社会を活性化する方法を提言している。

最終章の第14章では、民主主義の後退は長期的に見られてきた現象であるため、民主主義を守る戦いもまた長期戦となると論じる。権威主義国内でも民主主義を求めて戦っている政治家、メディア、市民社会などの人々がいることを再認識させ、権威主義者も脆弱なのであり、われわれは希望を捨てるべきではないと鼓舞する。そして最後に、民主主義擁護のための戦いにはアメリカのプレゼンスが欠かせないが、ヨーロッパ諸国や日本などをはじめとする他の民主主義国との国際協調をもってこの戦いに臨む必要があることを論じている。

日本への示唆

本書の原著が執筆されたのは二〇一九年である。二〇二二年現在では当時の共和党トランプ政権から民主党のバイデン政権に移行している。では本書が警鐘を鳴らした民主主義の危機は過ぎ去り、私たちは安定の中にいるのだろうか。否、アメリカの民主主義は現在も復活を遂げたとは言えず、われわれは依然危機のただ中にいる。二〇二四年の大統領選挙で再びトランプが大統領として復活する可能性もある。なぜ今もアメリカは民主主義を容易に再強化することができずにいるのか、その答えは引き続き本書の中に書かれている。

本書の議論は、現在日本で進行している状況に照らしても、非常に示唆に富むものとなっている。日本でも近年、自由民主主義が徐々に弱体化してきている。トランプ現象のように国際的に目を引かないまでも、政府の透明性や説明責任の低下、司法やメディアへの政治介入など、民主的慣行を弱体化させる事例が多方面で見られている。

そして日本においても、対外アクターの影響力工作が混乱をもたらし、民主主義の弱体化に拍車を掛けている。対外アクターの影響力工作は、日本でもすでにかなりの規模で行われている。国内華僑系メディアが親中感情の醸成や中国政府のプロパガンダ拡散に加え、韓国との疑似同盟関係に楔を打ち込もうと嫌韓感情を煽っていることは、私も拙論「日本は中国のメディア影響力工作を免れているのか（Is Japan Immune From China's Media Influence Operations?）」（ディプロマット誌（*The Diplomat*）、二〇二〇年）で論じている。また、できるだけそれを目立たない形で行い、日本国内世論を成功裡に操作しようとしていることについても、ティモシー・ニーヴェンとの共著、「日本への影響に向けた、中国の目立たない手段（To Influence Japan, China Tries Subtlety）」（アメリカン・パーパス誌（*American Purpose*）、二〇二二年）で論じている。

今後、憲法改正の是非を問う国民投票が行われる場合には、日本の安全保障能力強化を望まない中国が影響力工作を拡大させる可能性が高い。台湾有事の際にも大規模な影響力工作を仕掛けてくるであろう。また、沖縄の普天間基地問題をめぐっては、中国がすでに介入している可能性もあると言われている。こうした国外からの影響力工作は、日本社会の安定と民主主義をさらに揺るがす可能性がある。

こうした変化を踏まえ、日本におけるリベラル民主主義のあり方を分析し、それを強化したいと望む人々が本書を手に取って下さるならば、幸甚の至りである。

謝　辞

博士課程を終えて最初に出版した書籍を除き、ダイアモンドの著書に一貫して見られるのは、学術出版社からはあえて出版しない姿勢である。書籍の価格が上がり、店頭にも並ばず、一般の読者に届きにくくなるから、意識して商業出版社から出版してきたと、ダイアモンドは私に話してくれたことがある。

そこには、一般市民に直接声を届けようとする、ダイアモンドのポリシーがある。彼は象牙の塔に籠った政治科学的な分析を批判し、学術的な知見を現実に適用して世論をリードしていく研究者としての責任を説いてきた。そしてその実践の一環として、できるだけわかりやすい言葉で民主主義に関する研究成果を届ける作業を続けてきた。同じ理由から、二〇二〇年のアメリカ大統領選挙に至る過程では、全米をめぐって「ミニ・パブリックス」も複数開催していた。ミニ・パブリックスでは、無作為に選んださまざまな立場の人々を小さなグループにして集め、専門家から情報提供を行った上で議論を交わしてもらう。こうすることで、参加者は自らの立場を修正しようとし、より成熟した民主的立場を形成するとされている。「熟議民主主義」の議論を適用した実践である。民主主義研究を積極的に実践の場に移そうとするダイアモンドの姿に、民主主義への想いと、最先端の研究者としての強い使命感が表れている。

こうした使命感が本書をも特徴づけている。本書は一般読者向けに読みやすい言葉遣いや表現で執筆され、個人的なエピソードや事例を豊富に取り入れ、まるで講演会の書き下ろしかのような読みやすさで執筆されている。たとえば、権威主義国化に至る兆候を十二のチェック項目にまとめ（第4章）、具体的にどんな動きが自国政府に見られた場合に注意するべきかを、まるで健康チェックのようにわかりやすく示している。客観的な分析のみならず、現実に根付く危機意識と情熱が各所にちりばめられていることも、本書の読みやすさを高める要因となっている。

そうであると同時に、本書は既存の民主主義研究を踏まえた分析を行っており、専門家や同分野で学ぶものにとっても貴重な書籍として成立している。たとえば、現在見られる民主主義の衰退現象とその原因分析を、今日までの民主主義研究の流れに位置づけて行うことで、民主主義に関する議論を概観することができる書籍として仕上げられている。

これだけ著名な民主主義研究者であるダイアモンドの著作が今日まで邦語訳されてこなかったことは、当初私にとっては不思議であった。しかしスタンフォード大学の民主主義・開発・法の支配センター（Center on Democracy, Development and the Rule of Law）で一年間客員研究員として過ごし、ダイアモンドの研究に対するアプローチを間近でつぶさに観察する中で、この理由の一端がわかった気がした。ダイアモンドが持つ民主主義研究者としてのこうした使命感が、日本の一般読者に邦語訳を届ける上でハードルになっている可能性を感じたのである。一般読者に届けようと商業出版社から出版されたダイアモンドの書籍は、しかしながら内容に厚みがある。そのため邦訳の話が日本の商業出版社に持ち込まれても、書籍内容は一般読者に届けるには少々ハードルが高かったであろう。

そうであれば、しっかりとした学術出版社から邦訳を出版して頂き、日本人の読者がダイアモンドの研究成果に触れることのできる機会を作りたい。そんな思いで勁草書房に本書の企画を持ち込んだのは二〇二〇年暮れのことであった。本書が持つ一般書のような読みやすさと、それに比して学術的な内容という複雑性を認識しつつ、本書の意義を的確に理解して下さった勁草書房の敏腕編集者である上原正信さんがいなければ、本書の出版は実現しなかった。しかも当初の予定よりも大幅に原稿作成が遅れたにもかかわらず、上原さんは辛抱強く待って下さったのみならず、つねに励ましの言葉を掛けて下さった。ここに記して感謝申し上げる。

もしも本書の翻訳が良いものになっているならば、それは翻訳作業を行ってくれた東海林拓人さん、鈴木涼平さん、杉井敦さん、増村悠爾さんという四人の有望な若手研究者のお陰である。将来の活躍が期待できるこの四人の若手は、博士論文の執筆で多忙を極めるなか、翻訳作業に適確かつ迅速に当たってくれた。深謝する。とはいえ、翻訳に問題があれば、監訳者たる私の責めに帰すべきものである。

最後に、本書の作成は、JSPS科研費18KK0338、および安倍フェローシップ（国際交流基金日米センターの資金提供による国際交流基金日米センターと米国社会科学研究評議会の共催事業）による助成を受けたことで可能となった。リベラル民主主義に関する研究の重要性を理解し、本書の出版を可能にして下さったことに、心より御礼申し上げる。

二〇二二年一月五日

国立にて　市原麻衣子

●著者紹介

ラリー・ダイアモンド（Larry Diamond）

スタンフォード大学フーバー研究所（Hoover Institution）およびフリーマン・スポグリ国際問題研究所（Freeman Spogli Institute for International Studies）シニア・フェロー、スタンフォード大学政治学・社会学教授、民主主義・開発・法の支配センター（Center on Democracy, Development and the Rule of Law）元ディレクター。スタンフォード大学で博士号（Ph.D.）を取得。2004年にはイラク連合国暫定当局の統治担当上級顧問としてバグダッドに赴任した。

著　書　に *The Spirit of Democracy: The Struggle to Build Free Societies Through the World* (Griffin, 2009) など多数。50冊の編著・共編著があり、ジャーナル・オブ・デモクラシー誌の創設者兼共同編集者でもある。

●訳者紹介

市原 麻衣子（いちはら まいこ）〔監訳者，日本語版への序文・第1章・第14章・謝辞担当〕

一橋大学大学院法学研究科准教授。専門は国際関係論、比較政治学。ジョージワシントン大学大学院政治学研究科博士課程修了、博士号（Ph.D.）を取得。関西外国語大学外国語学部専任講師、准教授などを経て現職。

著　書　に *Japan's International Democracy Assistance as Soft Power: Neoclassical Realist Analysis* (Routledge, 2017)、『自由主義の危機――国際秩序と日本』（東洋経済新報社、2020年、共著）、『戦争と平和ブックガイド――21世紀の国際政治を考える』（ナカニシヤ出版、2021年、共著）などがある。

東海林 拓人（とうかいりん たくと）〔第2～4章担当〕

日本学術振興会特別研究員（DC1）、東京大学大学院総合文化研究科博士後期課程在籍。専門は国際関係論、比較政治学。

鈴木 涼平（すずき りょうへい）〔第５～７章担当〕
一橋大学大学院法学研究科博士後期課程在籍。専門は国際関係論。

杉井 敦（すぎい あつし）〔第８～10章担当〕
一橋大学大学院法学研究科博士後期課程在籍。専門は国際関係論、安全保障学。
著書に『防衛大学校で、戦争と安全保障をどう学んだか』（祥伝社新書、2014年、共著）がある。

増村 悠爾（ますむら ゆうじ）〔第11～13章担当〕
テキサス大学オースティン校大学院政治学研究科博士課程在籍。専門は国際関係論。

原　注

第9章　独裁者の挑戦に対応する

(1) John McCain, "Remarks at the 2017 Munich Security Conference," February 17, 2017, www.mccain.senate.gov/public/index.cfm/speeches?ID =32A7E7DD-8D76-4431-B1E7-8644FD71C49F.

(2) George F. Kennan, "The Long Telegram," February 22, 1946, 15–15½, www.trumanlibrary.org/whistlestop/study_collections/coldwar/documents/pdf/6-6.pdf.

(3) Data from "GDP Per Capita," World Bank, https://data.worldbank.org/indicator/NY.GDP.PCAP.CD?locations=RU. ロシアの一人当たり所得（現行米ドル換算（各年度））は、1990年には3,482ドルだったが、1999年には1,331ドルにまで減少した。

(4) "Why Is Russia's Growth in Life Expectancy Slowing?" *Moscow Times*, August 30, 2015, https://themoscowtimes.com/news/why-is-russias-growth-in-life-expectancy-slowing-49224.

(5) Kennan, "Long Telegram," 17.

(6) Fareed Zakaria, *The Post-American World: Release 2.0* (New York: W. W. Norton, 2011), 2（楡井浩一訳『アメリカ後の世界』徳間書店､2008年).

(7) Kennan, "Long Telegram," 17.

(8) Alex Horton, "The Magnitsky Act, Explained," *Washington Post*, July 14, 2017, www.washingtonpost.com/news/the-fix/wp/2017/07/14/the-magnitsky-act-explained/?utm_term=.6f1b885c6cce.

(9) Ian Talley, "Trump Administration Sanctions Russia for Interference in U.S. Elections," *Wall Street Journal*, March 15, 2018, www.wsj.com/articles/trump-administration-sanctions-russians-for-interference-in-u-s-elections-1521124200; Ian Talley, "U.S. Targets Allies of Putin in Latest Round of Sanctions," *Wall Street Journal*, April 6, 2018, www.wsj.com/

articles/u-s-targets-russian-oligarchs-in-new-sanctions-1523018826/.

(10) "Russian Businessmen, Officials on New U.S. Sanctions List," Reuters, April 6, 2018, www.reuters.com/article/us-usa-russia-sanctions-factbox/russian-businessmen-officials-on-new-u-s-sanctions-list-idUSKCN1HD22K?il=0.

(11) "No Longer Safe Assets: Invest in Russia at Your Own Risk After U.S. Sanctions, Strategist Says," CNBC, April 10, 2018, www.cnbc.com/2018/04/10/invest-in-russia-at-your-own-risk-after-us-sanctions-strategist-says.html.

(12) "Western Allies Expel Scores of Russian Diplomats over Skripal Attack," *The Guardian*, March 27, 2018, www.theguardian.com/uk-news/2018/mar/26/four-eu-states-set-to-expel-russian-diplomats-over-skripal-attack.

(13) Oliver Bullough, "Forget the Pledges to Act—London Is Still a Haven for Dirty Russian Money," *The Guardian*, September 30, 2018, www.theguardian.com/commentisfree/2018/sep/30/forget-pledges-to-act-london-still-haven-for-dirty-russian-money; John Gunter, "Sergei Skripal and the Fourteen Deaths Under Scrutiny," BBC, March 7, 2018, www.bbc.com/news/world-europe-43299598.

(14) Anne Applebaum, "Why Does Putin Treat Britain with Disdain? He Thinks He's Bought It," *Washington Post*, March 16, 2018, www.washingtonpost.com/opinions/global-opinions/why-does-putin-treat-britain-with-disdain-he-thinks-hes-bought-it/2018/03/16/9f66a720-2951-11e8-874b-d517e912f125_story.html?utm_term=.2c73148b40da.

(15) Ibid.

(16)「コーポクラット（Corpocrat）」のウェブサイトには、アメリカ、カナダ、イギリスを含む西側民主主義国でのゴールデン・ビザの選択肢を探している裕福な外国人用に、12種類以上のゴールデン・ビザが示されている。https://corpocrat.com/2015/10/20/25-immigrant-investor-citizenship-programs-in-the-world/.

(17) Teri Schultz, "'Golden Visas': EU Offers the Rich Bigger Bang for the Buck," Deutsche Welle, March 17, 2018, www.dw.com/en/golden-visas-eu-offers-the-rich-bigger-bang-for-the-buck/a-42947322.

(18) David Z. Morris, "Vladimir Putin Is Reportedly Richer Than Bill Gates and Jeff Bezos Com- bined," *Fortune,* July 29, 2017, http://fortune.com/2017/07/29/vladimir-putin-russia-jeff-bezos-bill-gates-worlds-richest-man/; "Is Vladimir Putin Secretly the Richest Man in the World?" *Money,* January 23, 2017, http://time.com/money/4641093/vladimir-putin-net-worth/ も参照。

(19) Laura Rosenberger and Jamie Fly, "Shredding the Putin Playbook," *Democracy: A Journal of Ideas* 47 (Winter 2018), https://democracyjournal.org/magazine/47/shredding-the-putin-playbook/.

(20) Michael W. Sulmeyer, "How the U.S. Can Play Cyber-Offense," *Foreign Affairs*, March 22, 2018, www.foreignaffairs.com/articles/world/2018-03-22/how-us-can-play-cyber-offense.

(21) Rebecca Smith, "Russian Hackers Reach U.S. Utility Control Rooms, Homeland Security Officials Say," *Wall Street Journal*, July 23, 2018, www.wsj.com/articles/russian-hackers-reach-u-s-utility-control-rooms-homeland-security-officials-say-1532388110?mod=mktw.

(22) Christopher Walker and Jessica Ludwig, "Introduction: From 'Soft Power' to 'Sharp Power,'" in Juan Pablo Cardenal et al., "Sharp Power: Rising Authoritarian Influence," National Endowment for Democracy, December 5, 2017, 22–24, www.ned.org/sharp-power-rising-authoritarian-influence-forum-report/.

(23) これは、以下の報告書でわれわれが行った提言の一つである。*China's Influence and American Interests: Promoting Constructive Vigilance, Report of the Working Group on Chinese Influence Activities in the United States*, Hoover Institution, November 2018.

(24) Eli Meixler, "Joshua Wong, Hong Kong's Most Prominent Pro-Democracy Activist, Has Been Jailed Again," *Time*, January 17, 2018, http://time.com/5105498/joshua-wong-hong-kong-prison/.

(25) Cynthia Brown, "The Foreign Agents Registration Act (FARA): A Legal Overview," Congressional Research Service, December 4, 2017, 13, https://fas.org/sgp/crs/misc/R45037.pdf.

(26) *China's Influence and American Interests*, x.

(27) この仕組みについては、以下で詳しく述べている。*China's Influence and American Interests*, 131–41.

(28) Michael Brown and Pavneet Singh, "China's Technology Transfer Strategy," Defense Innovation Unit Experimental (DIUx), January 2018, 23–26, https://admin.govexec.com/media/diux_chinatechnologytransferstudy_jan_2018_(1).pdf.

(29) Alexandra Yoon-Hendricks, "Congress Strengthens Reviews of Chinese and Other Foreign Investments," *New York Times*, August 1, 2018, www.nytimes.com/2018/08/01/business/foreign-investment-united-states.html.

(30) Alejandra Reyes-Velarde, "Chinese Gaming Company Buys Remaining Stake of Grindr," *Los Angeles Times*, January 8, 2018, www.latimes.com/business/la-fi-tn-grindr-kunlun-20180108-story.html.

(31) Keith Griffith, "Fears Mount That China's Spymasters Will Cruise Grindr for Personal Data to 'Out People' After a Chinese Tech Firm Bought the Gay Dating App for $400m," *Daily Mail*, January 12, 2018, www.dailymail.co.uk/news/article-5264963/Grindr-sale-Kunlun-sparks-fears-Chinese-spying.html.

(32) Brown and Singh, "China's Technology Transfer Strategy," 24.

(33) "Sizing Up the Gap in Our Supply of STEM Workers," New American Economy, March 29, 2017, https://research.newamericaneconomy.org/report/sizing-up-the-gap-in-our-supply-of-stem-workers/.

(34) Robert Farley, "The Consequences of Curbing Chinese STEM Graduate Student U.S. Visas," *The Diplomat*, June 15, 2018, https://thediplomat.com/2018/06/the-consequences-of-curbing-chinese-stem-graduate-student-us-visas/.

(35) Compete America, Partnership for a New American Economy, and U.S. Chamber of Commerce, "Understanding and Improving the H-1B Visa Program," April 2015, 4, www.newamericaneconomy.org/wp-content/uploads/2015/04/Briefing-Book-on-Understanding-and-Improving-H-1B-Visas-4-24-2015.pdf.

第10章　クレプトクラシーとの戦い

(1) Oliver Bullough, "The Rise of Kleptocracy: The Dark Side of Globalization," *Journal of Democracy* 29 (January 2018): 33.

(2) Rosalind S. Helderman and Alice Crites, "The Russian Billionaire Next Door: Putin Ally Is Tied to One of D.C.'s Swankiest Mansions," *Washington Post*, November 29, 2017, www.washingtonpost.com/politics/the-russian-tycoon-next-door-putin-ally-is-tied-to-one-of-dcs-swankiest-mansions/2017/11/28/15f913de-cef6-11e7-81bc-c55a220c8cbe_story.html?utm_term=.c8691ab5bc77.

(3) "Treasury Designates Russian Oligarchs, Officials, and Entities in Response to Worldwide Malign Activity" (press release), U.S. Department of Treasury, April 6, 2017, https://home.treasury.gov/news/press-releases/sm0338.

(4) Helderman and Crites, "The Russian Billionaire Next Door."

(5) Ken Silverstein, "Oleg Deripaska and the Buying of Washington: Controversial Oligarch Funds Local Think Tanks," *Harper's*, October 24, 2008, https://harpers.org/blog/2008/10/oleg-deripaska-and-the-buying-of-washington-controversial-oligarch-funds-local-think-tanks/. 外交問題評議会の報告によると、デリパスカの運営会社であるベーシック・エレメントは2007年に同評議会の企業会員プログラムに1年間参加していたという。同評議会は2008年以降、ベーシック・エレメント（およびデリパスカ）とは関係を持っていないとしている。Eメールでのやり取りによる（2018年9月6日）。

(6) Andrew Higgins and Kenneth P. Vogel, "Two Capitals, One Russian Oligarch: How Oleg Deripaska Is Trying to Escape U.S. Sanctions," *New York Times*, November 4, 2018, www.nytimes.com/2018/11/04/world/europe/oleg-deripaska-russia-oligarch-sanctions.html.

(7) Ibid.

(8) Cynthia Gabriel, "The Rise of Kleptocracy: Malaysia's Missing Billions," *Journal of Democracy* 29 (January 2018): 69.

(9) Ibid., 70.

(10) Belinda Li, "Why Miami Matters," Kleptocracy Initiative, June 26, 2017.

⑾ Ben Judah and Belinda Li, "Money Laundering for Twenty-First Century Authoritarianism: Western Enablement of Kleptocracy," Kleptocracy Initiative, the Hudson Institute, December 2017, 7, https://www.hudson.org/research/14020-money-laundering-for-21st-century-authoritarianism.

⑿ Alexander Cooley, John Heathershaw, and J. C. Sharman, "The Rise of Kleptocracy: Laundering Cash, Whitewashing Reputations," *Journal of Democracy* 29 (January 2018): 44.

⒀ Ibid.

⒁ Ilya Zaslavskiy, "How Non-State Actors Export Kleptocratic Norms to the West," Kleptocracy Initiative, the Hudson Institute, September 2017, 2, https://s3.amazonaws.com/media.hudson.org/files/publications/Kleptocratic_Norms.pdf.

⒂ クレプトクラシー・イニシアティブのチャールズ・デヴィッドソン事務局長による上院司法委員会での証言、2017年11月28日。www.judiciary.senate.gov/imo/media/doc/Davidson%20Testimony.pdf.

⒃ Zaslavskiy, "How Non-State Actors," 24.

⒄ Rick Noack, "He Used to Rule Germany. Now, He Oversees Russian Energy Companies and Lashes Out at the U.S.," *Washington Post*, August 12, 2017, www.washingtonpost.com/news/worldviews/wp/2017/08/08/he-used-to-rule-germany-now-he-oversees-russian-energy-companies-and-lashes-out-at-the-u-s/?utm_term=.ae9dab6a03da.

⒅ Gerald Knaus, "Europe and Azerbaijan: The End of Shame," *Journal of Democracy* 26 (July 2015): 6, 10.

⒆ Brett L. Carter, "The Rise of Kleptocracy: Autocrats Versus Activists in Africa," *Journal of Democracy* 29 (January 2018): 55–56.

⒇ David Bensoussan, "Dominique Strauss-Kahn au chevet du président congolais Denis Sassou-Nguesso," Challenges, August 30, 2017, www.challenges.fr/economie/dominique-strauss-kahn-dsk-au-chevet-du-president-congolais-denis-sassou-nguesso-aupres-du-fmi_496094; David Bensoussan, "La banque Lazard au chevet du Congo," Challenges, January 4, 2018, https://www.challenges.fr/economie/quand-la-banque-

lazard-dirigee-par-mathieu-pigasse-rejoint-dominique-strauss-kahn-et-stephane-fouks-au-chevet-du-congo_558075.

(21) アメリカのロビー会社へのサス＝ヌゲソの支出については、南カリフォルニア大学の政治学者ブレット・L. カーターが追跡して集計し、その統計結果を私に提供してくれた。具体的な証拠は、以下の記事を参照。Anu Narayanswamy, "Corruption Charges Prompt Congo to Lobby Congress," Sunlight Foundation, September 25, 2009, https://sunlightfoundation.com/2009/09/25/corruption-charges-prompt-congo-to-lobby-congress/; Carol D. Leonnig, "Congo's Heavy Use of D.C. Lobbyists Prompts Questions," *Washington Post*, August 25, 2010, www.washingtonpost.com/wp-dyn/content/article/2010/08/25/AR2010082505238.html.

(22) Carter, "The Rise of Kleptocracy," 60.

(23) Ibid., 61; Nicolas Beau, "Rwanda, lorsque Paul Kagamé achetait 'Jeune Afrique' en 2004," Mondafrique, March 10, 2005, https://mondafrique.com/rwanda-lorsque-paul-kagame-achetait-jeune-afrique-en-2004/.

(24) Monica Mark, "Nigerian Police Recover Part of Sani Abacha's $4.3bn Hoard from Robbers," *The Guardian*, October 5, 2012, www.theguardian.com/world/2012/oct/05/nigeria-sani-abacha-jewellery-police.

(25) Norimitsu Onishi, "Portugal Dominated Angola for Centuries. Now the Roles Are Reversed," *New York Times*, August 22, 2017, www.nytimes.com/2017/08/22/world/europe/angola-portugal-money-laundering.html.

(26) 純資産は2018年9月13日時定での推定値。"#924, Isabel dos Santos," Forbes, www.forbes.com/profile/isabel-dos-santos/.

(27) "World Mortality 2017," United Nations, www.un.org/en/development/desa/population/publications/pdf/mortality/World-Mortality-2017-Data-Booklet.pdf.

(28) Onishi, "Portugal Dominated Angola." ただし、ポルトガルはアンゴラの元副大統領を起訴している。Conor Gaffey, "Portugal Charges Angolan Vice-President with Corruption," *Newsweek*, February 17, 2017, www.newsweek.com/manuel-vicente-angola-portugal-557906.

(29) Bullough, "Rise of Kleptocracy: The Dark Side," 35.

(30) Casey Michael, "The United States of Anonymity," Kleptocracy Initiative, the Hudson Institute, November 2017, 3. https://s3.amazonaws.com/media.hudson.org/files/publications/UnitedStatesofAnonymity.pdf.

(31) Ibid., 3.

(32) "Office Space: Who Really Owns Real Estate Leased by the U.S. Government?" Kleptocracy Initiative, January 30, 2017, http://kleptocracyinitiative.org/2017/01/office-space/. 政府説明責任局の報告については以下を参照。www.gao.gov/products/GAO-17-195.

(33) このランキングは、国際的な専門家やビジネスパーソンを対象にした調査に基づいている。"Corruption Perceptions Index 2017," Transparency International, www.transparency.org/news/feature/corruption_perceptions_index_2017?gclid=CjwKCAjwiPbWBRBtEiwAJakcpKPbB7q9v42Q4EcdREVv7TTqPONV5pn-eLt6M-K39oaerRFiQLlBNhoCRdEQAvD_BwE.

(34) Larry Diamond, *In Search of Democracy* (London: Routledge, 2016), 26.

(35) "Judge Mark Wolf on Kleptocracy and the International Anti-Corruption Court," National Endowment for Democracy, June 6, 2017, www.ned.org/judge-mark-wolf-international-anti-corruption-court/. Pillay's statement was made in 2013.

(36) Cooley, Heathershaw, and Sharman, "Rise of Kleptocracy: Laundering Cash," 40.

(37) Judah and Li, "Money Laundering for Twenty-First Century Authoritarianism," 16–22; Bullough, "Rise of Kleptocracy: The Dark Side."

(38) Ben Judah and Nate Sibley, "Countering Russian Kleptocracy," Kleptocracy Initiative, the Hudson Institute, April 2018, www.hudson.org/research/14244-countering-russian-kleptocracy. 以下も参照。Cooley, Heatherstraw, and Sharman, "Rise of Kleptocracy: Laundering Cash."

(39) Judah and Sibley, "Countering Russian Kleptocracy," 7.

(40) Ibid.

(41) Executive Order: Ethics Commitments by Executive Branch

Appointees, January 28, 2017.

(42) Judah and Sibley, "Countering Russian Kleptocracy," 9.

(43) Bullough, "Rise of Kleptocracy: The Dark Side," 34–35.

(44) Cooley, Heatherstraw, and Sharman, "Rise of Kleptocracy: Laundering Cash," 45–46.

(45) Judah and Sibley, "Countering Russian Kleptocracy," 15.

(46) "About," International Consortium of Investigative Journalists, www.icij.org/about/.

(47) "Judge Mark Wolf on Kleptocracy."

(48) Robbie Gramer, "Infographic: Here's How the Global GDP Is Divvied Up," *Foreign Policy*, February 24, 2017, http://foreignpolicy.com/2017/02/24/infographic-heres-how-the-global-gdp-is-divvied-up/.

第11章　自由のための外交政策

(1) "National Security Strategy of the United States of America," The White House, December 2017.

(2) この後の議論は、マケイン国際リーダーシップ研究所の民主主義と人権に関するワーキンググループの仕事に触発されたものである。www.mccaininstitute.org/advancing-freedom-promotes-us-interests/を参照。

(3) Amartya Sen, "Democracy as a Universal Value," *Journal of Democracy* 10 (July 1999): 3–17; Kim Dae Jung, "Is Culture Destiny?" *Foreign Affairs* 73 (November–December 1994): 189–94; His Holiness the Dalai Lama, "Buddhism, Asian Values, and Democracy," *Journal of Democracy* 10 (January 1999): 3–7; Abdou Filali-Ansary, "Muslims and Democracy," *Journal of Democracy* 10 (July 1999): 18-32.

(4) Glen Carey and Sarah Algethami, "How the Saudis Turned the Yemen War into a Humanitarian Crisis," Bloomberg, October 19, 2018.

(5) Condoleezza Rice, remarks at the American University of Cairo, June 20, 2005, https://2001-2009.state.gov/secretary/rm/2005/48328.htm.

(6) Steven Radelet, *Emerging Africa: How Seventeen Countries Are Leading the Way* (Washington, D.C.: Center for Global Development, 2010).

(7) Jon Greenberg, "Most People Clueless on U.S. Foreign Aid Spending," *Politifact,* November 9, 2016, www.politifact.com/global-news/statements/2016/nov/09/john-kerry/yep-most-people-clueless-us-foreign-aid-spending/.

(8) 代表的な民主化支援プログラムであるNEDへの年間予算は、わずか1億7,000万ドルだった。www.appropriations.senate.gov/imo/media/doc/FY18-OMNI-SFOPS-SUM.pdf参照。

(9) 多くの学者や同国出身者と同様、私はビルマを同国の正式名称であるミャンマー（この国名は軍事政権が1988年の民衆蜂起に対する抑圧で何千人もの自国民を殺した翌年である1989年に、軍事政権によってつけられた）と互換的に使っている。しかし、この新しい国名の由来を考慮し、私は一般的に「ビルマ」を使用している。

(10) NEDは、議会の資金提供を受ける非政府組織の援助団体である。NEDは、助成金プログラムと国際メディア支援センターを通じて直接助成を行っている。それ以外の助成金や支援プログラムは、IRI、NDI、連帯センター、国際民間事業センター（それぞれアメリカの二つの政党、労働者、企業を代表する機関）を通じて提供されている。

(11) Daniel Twining and Kenneth Wollack, "Russia's Nefarious Meddling Is Nothing Like Democracy Assistance," *Washington Post,* April 10, 2018, www.washingtonpost.com/opinions/russias-nefarious-meddling-is-nothing-like-democracy-assistance/2018/04/10/b8942f20-3ce2-11e8-a7d1-e4efec6389f0_story.html?utm_term=.580cef1963b6.

(12) NEDが支援する「民主主義のための開かれたインターネット」イニシアティブを参照。https://openinternet.global/about.

(13) マカ・アンゴラについては以下を参照。www.makaangola.org/en/.

(14) Rafael Marques, "Angola's Oil Curse," *Alternet,* December 17, 2004; Rafael Marques, "Lundas: The Stones of Death. Angola's Deadly Diamonds," March 9, 2005; Rafael Marques, "Operation Kissonde: The Stones of Death," Chesapeake Digital Preservation Group: Legal Information Archive, 2006, www.business-humanrights.org/sites/default/files/reports-and-materials/Operation-Kissonde-Rafael-Marques-Sep-2006.pdf; Rafael Marques, "A New Diamond War," *Washington Post,*

November 6, 2006, www.washingtonpost.com/wp-dyn/content/article/2006/11/05/AR2006110500775.html; Rafael Marques de Morais, "Blood Diamonds: Corruption and Torture in Angola"; Rafael Marques de Morais, "Eight Years for Falling Asleep in a Parked Car," *The Guardian,* April 29, 2016, www.theguardian.com/world/2016/apr/29/angolas-punitive-prison-system-rafael-marques-de-morais.

(15) "Rafael Marques on Trial," Committee to Protect Journalists, March 31, 2000, https://cpj.org/reports/2000/03/angola-marques-00.php.

(16) Marques, "Blood Diamonds: Corruption and Torture in Angola."

(17) Tracy McVeigh and David Smith, "Champion of Freedom Defies Angola's President, Generals and the Power of Diamond Companies," *The Guardian,* March 21, 2015, www.theguardian.com/world/2015/mar/22/rafael-marques-de-morais-defies-angolas-president-generals-and-the-power-of-diamond-companies.

(18) "Angola: Index Welcomes Acquittal of Rafael Marques de Morais," Index on Censorship, July 9, 2018, www.indexoncensorship.org/2018/07/angola-index-welcomes-acquittal-rafael-marques-de-morais/.

(19) Veronika Melkozerova and Josh Kovensky, "Donors: Ukraine Will Get Aid in 2018 After Government Renews Fight Against Corruption, Adopts Crucial Reforms," *Kyiv Post,* January 11, 2018, www.kyivpost.com/ukraine-politics/donors-ukraine-will-get-aid-2018-government-renews-fight-corruption-adopts-crucial-reforms.html.

(20) ウクライナにおけるUSAIDの支援プログラム一覧については、www.usaid.gov/ukraine/documents/1863/usaidukraine-annual-report-2017を参照。

(21) Robert Kubinec, "How Foreign Aid Could Hurt Tunisia's Transition to Democracy," *Washington Post,* December 19, 2016, www.washingtonpost.com/news/monkey-cage/wp/2016/12/19/how-foreign-assistance-can-hurt-not-help-tunisias-democratic-transition/?utm_term=.b3bd771c2174.

(22) U.S. Agency for International Development, "Foreign Aid in the National Interest: Promoting Freedom, Security, and Opportunity," 2002.

(23) "About MCC," Millennium Challenge Corporation, www.mcc.gov/about.
(24) デレク・ミッチェルとのEメールでのやり取り、2018年5月21日。
(25) 手段と教訓に関する包括的な調査については、Jeremy Kinsman and Kurt Bassuener, eds., *A Diplomat's Handbook for Democracy Development Support* (Waterloo, Ont.: Center for International Governance Innovation, 2013)を参照。
(26) Michael McFaul, *From Cold War to Hot Peace: An American Ambassador in Putin's Russia* (Boston: Houghton Mifflin Harcourt, 2018).
(27) Julie Ray, "World's Approval of U.S. Leadership Drops to New Low," Gallup, January 18, 2018, http://news.gallup.com/poll/225761/world-approval-leadership-drops-new-low.aspx.
(28) "Clapper Calls for U.S. Information Agency 'on Steroids' to Counter Russian Propaganda," *Washington Times,* January 5, 2017, www.washingtontimes.com/news/2017/jan/5/james-clapper-calls-us-information-agency-steroids.
(29) William A. Rugh, "Repairing American Public Diplomacy," *Arab Media and Society,* February 8, 2009, www.arabmediasociety.com/repairing-american-public-diplomacy/.
(30) Carol Morello, "That Knock on a Congressman's Door Could Be a Fulbright Scholar with a Tin Cup," *Washington Post,* June 8, 2017, www.washingtonpost.com/world/national-security/that-knock-on-a-congressmans-door-could-be-a-fulbright-scholar-with-a-tin-cup/2017/06/08/06aa1984-4baf-11e7-bc1b-fddbd8359dee_story.html?utm_term=.64f13122d582.
(31) Fulbright Association website, https://fulbright.org/stand-for-fulbright-2018/.
(32) Christian Mull and Matthew Wallin, "Propaganda: A Tool of Strategic Influence," American Security Project, September 2013, 1, https://www.americansecurityproject.org/ASP%20Reports/Ref%200138%20-%20Propaganda%20-%20A%20tool%20of%20 strategic%20influence%20-%20%20Fact%20Sheet.pdfから引用。
(33) この言葉は、2016年後半に可決された認可法案からのものである。www.

state.gov/r/gec/を参照。
(34) Abigail Tracy, "'A Different Kind of Propaganda': Has America Lost the Information War?" *Vanity Fair,* April 23, 2018, www.vanityfair.com/news/2018/04/russia-propaganda-america-information-war.
(35) Issie Lapowsky, "The State Department's Fumbled Fight Against Russian Propaganda," *Wired,* November 22, 2017, www.wired.com/story/the-state-departments-fumbled-fight-against-russian-propaganda/; Gardiner Harris, "State Dept. Was Granted $120 Million to Fight Russian Meddling. It Has Spent $0," *New York Times,* March 4, 2018, www.nytimes.com/2018/03/04/world/europe/state-department-russia-global-engagement-center.html.
(36) このセクションでの私の考えの多くは、アスペン研究所の優れた報告書に基づいている。Richard. Kessler, "Reforming American Public Diplomacy: A Report of the Annual Aspen Institute Dialogue on Diplomacy and Technology," Aspen Institute Communications and Society Program, 2015.
(37) "How Can Technology Make People in the World Safer?" Jigsaw, https://jigsaw.google.com/projects/.
(38) Dalai Lama, "Buddhism, Asian Values, and Democracy," 7.

第12章　民主主義のためのインターネット安全化

(1) Max Fisher, "With Alex Jones, Facebook's Worst Demons Abroad Begin to Come Home," *New York Times,* August 8, 2018, www.nytimes.com/2018/08/08/world/americas/facebook-misinformation.html.
(2) Joshua A. Tucker et al., "From Liberation to Turmoil: Social Media and Democracy," *Journal of Democracy* 28 (October 2017): 49.
(3) スタンフォード大学の本プログラムに関するアーカイブ化された説明は、以下を参照。http://cddrl.fsi.stanford.edu/docs/about_libtech.
(4) Philip N. Howard and Muzammil M. Hussain, "The Upheavals in Egypt and Tunisia: The Role of Digital Media," *Journal of Democracy* 22 (July 2011): 35–48.
(5) Larry Diamond, "Liberation Technology," *Journal of Democracy* 21 (July

2010): 69–83.
(6) Larry Diamond and Marc F. Plattner, eds., *Liberation Technology: Social Media and the Struggle for Democracy* (Baltimore: Johns Hopkins University Press, 2012)に所収の小論を参照。
(7) Dave Chaffey, "Global Social Media Research Summary," Smart Insights, March 28, 2018, www.smartinsights.com/social-media-marketing/social-media-strategy/new-global-social-media-research/.
(8) Elisa Shearer and Jeffrey Gottfried, "News Use Across Social Media Platforms," Pew Research Center, September 7, 2017, www.journalism.org/2017/09/07/news-use-across-social-media-platforms-2017/; Kristin Bialik and Katerina Eva Matsa, "Key Trends in Social and Digital News Media," Pew Research Center, October 4, 2017, www.pewresearch.org/fact-tank/2017/10/04/key-trends-in-social-and-digital-news-media/.
(9) Mark Zuckerberg, "A Blueprint for Content Governance and Enforcement," Facebook, November 15, 2018, www.facebook.com/notes/mark-zuckerberg/a-blueprint-for-content-governance-and-enforcement/10156443129621634/.
(10) Ibid.
(11) Anamitra Deb, Stacy Donohue, and Tom Glaisyer, "Is Social Media a Threat to Democracy?" Omidyar Group, October 1, 2017, https://www.omidyargroup.com/pov/2017/10/09/social_media_and_democracy/.
(12) Ibid., 6.
(13) Nathaniel Persily, "Can Democracy Survive the Internet?" *Journal of Democracy* 28 (April 2017): 72.
(14) Seymour Martin Lipset, *Political Man: The Social Bases of Politics* (1960; repr., Baltimore: Johns Hopkins University Press, 1981), 74–79（内山秀夫訳『政治のなかの人間――ポリティカル・マン』東京創元新社、1963年）.
(15) Deb, Donohue, and Glaisyer, "Is Social Media a Threat to Democracy?" 7.「フェイクニュース」は、自分が好まない真実の報道に汚名を着せるためにドナルド・トランプが用いる用語であるため、私は使用しない。
(16) Jen Weedon, William Nuland, and Alex Stamos, "Information Operations

and Facebook," Facebook, April 27, 2017.

(17) Samanth Subramanian, "Fake News Factory to the World: Welcome to the Macedonian Fake-News Complex," *Wired,* February 15, 2017, www.wired.com/2017/02/veles-macedonia-fake-news/.

(18) Darrell M. West, "How to Combat Fake News and Disinformation," Brookings Institution, December 18, 2017, www.brookings.edu/research/how-to-combat-fake-news-and-disinformation/.

(19) Marc Fisher, John Cox, and Peter Hermann, "Pizzagate: From Rumor, to Hashtag, to Gunfire in D.C.," *Washington Post,* December 6, 2016, www.washingtonpost.com/local/pizzagate-from-rumor-to-hashtag-to-gunfire-in-dc/2016/12/06/4c7def50-bbd4-11e6-94ac-3d324840106c_story.html?noredirect=on&utm_term=.58ac7f5ffef6.

(20) Reuters, "Trump's Attacks on Media May Lead to Real Violence: U.N. Expert," *U.S. News & World Report,* August 2, 2018, www.usnews.com/news/world/articles/2018-08-02/trumps-attacks-on-media-may-lead-to-real-violence-un-expert; Rick Noack, "Can Anti-Media Rhetoric Spark Violence? These German Researchers Reached a Startling Conclusion," *Washington Post,* July 30, 2018, www.washingtonpost.com/news/worldviews/wp/2018/07/30/can-anti-media-rhetoric-spark-violence-these-german-researchers-reached-a-startling-conclusion/?noredirect=on&utm_term=.46bada56f159.

(21) William K. Rashbaum, Alan Feuer, and Adam Goldman, "Outspoken Trump Supporter in Florida Charged in Attempted Bombing Spree," *New York Times,* October 26, 2018, www.nytimes.com/2018/10/26/nyregion/cnn-cory-booker-pipe-bombs-sent.html.

(22) Craig Silverman, "'Death Panel' Report Reaches Depressing Conclusions: The Media Is Ineffective at Dispelling False Rumors," *Columbia Journalism Review,* May 27, 2011, https://archives.cjr.org/behind_the_news/death_panels_report_reaches_de.php.

(23) Persily, "Can Democracy Survive the Internet?" 69.

(24) 俳優のジョーダン・ピールがバラク・オバマを腹話術で演じるYouTubeのディープフェイク動画は、このような方法で騙す人工知能の可能性につ

いて国民を啓蒙するために制作されたもので、2018年11月までにYouTube上で500万回以上視聴されている。www.youtube.com/watch?v=cQ54GDm1eL0 を参照。

(25) Deb, Donohue, and Glaisyer, “Is Social Media a Threat to Democracy?” 9.

(26) Pen America, “Faking News: Fraudulent News and the Fight for Truth,” October 12, 2017, 4, https://pen.org/wp-content/uploads/2017/11/2017-Faking-News-11.2.pdf.

(27) 以下のフリーダムハウス年次レポートを参照。Freedom on the Net 2017, https://freedomhouse.org/sites/default/files/2020-02/FOTN_2017_Final_compressed.pdf; Freedom on the Net 2018, https://freedomhouse.org/sites/default/files/FOTN_2018_Final.pdf.

(28) Bence Kollanyi, Philip Howard, and Samuel Woolley, “Bots and Automation over Twitter During the 2016 U.S. Election,” November 17, 2016, http://comprop.oii.ox.ac.uk/wp-content/uploads/sites/89/2016/11/Data-Memo-US-Election.pdf.

(29) Robert Faris et al., “Partisanship, Propaganda, and Disinformation: Online Media and the 2016 U.S. Presidential Election,” Berkman Klein Center for Internet and Society at Harvard University, August 16, 2017, https://cyber.harvard.edu/publications/2017/08/mediacloud.

(30) Deb, Donohue, and Glaisyer, “Is Social Media a Threat to Democracy?” 10.

(31) Fisher, “With Alex Jones, Facebook's Worst Demons.”

(32) Deb, Donohue, and Glaisyer, “Is Social Media a Threat to Democracy?” 11.

(33) Anna Mitchell and Larry Diamond, “China's Surveillance State Should Scare Everyone,” *The Atlantic,* February 2, 2018, www.theatlantic.com/international/archive/2018/02/china-surveillance/552203/.

(34) Daniel Benaim and Holly Russon Gilman, “China's Aggressive Surveillance Technology Will Spread Beyond Its Borders,” *Slate,* August 9, 2018.

(35) Tucker et al., “From Liberation to Turmoil,” 50–52.

(36) Timothy Garton Ash, *Free Speech: Ten Principles for a Connected World* (New Haven: Yale University Press, 2016); "An Introductory Guide to the Ten Principles," Free Speech Debate, January 10, 2017, https://freespeechdebate.com/media/new-video-content-on-free-speech-in-2017/.

(37) Laura Italiano, "Facebook Gives Up on 'Flagging' Fake News," *New York Post,* December 22, 2017, https://nypost.com/2017/12/22/facebook-gives-up-on-flagging-fake-news/.

(38) "Hard Questions: What Is Facebook Doing to Protect Election Security?" Facebook, March 29, 2018, https://about.fb.com/news/2018/03/hard-questions-election-security/.

(39) Aja Romano, "Mark Zuckerberg Lays Out Facebook's Three-Pronged Approach to Fake News," *Vox,* April 3, 2018, www.vox.com/technology/2018/4/3/17188332/zuckerberg-kinds-of-fake-news-facebook-making-progress/.

(40)「ボーダーライン」とは、ヘイトスピーチのレベルには達しないものの攻撃的な言動や、「クリック誘導」型の誤情報といった、フェイスブックが禁止しないものの、コミュニティ基準に違反する可能性が高いコンテンツを意味する。Zuckerberg, "A Blueprint for Content Governance and Enforcement"参照。

(41) Ibid.

(42) Jonathan Vanian, "Facebook Expanding Fact-Checking Project to Combat Fake News," *Fortune,* June 21, 2018, http://fortune.com/2018/06/21/facebook-fake-news-fact-checking/.

(43) Swapna Krishna, "Google Takes Steps to Combat Fake News 'Snippets,'" Engadget, January 31, 2018, www.engadget.com/2018/01/31/google-tackles-fake-news-in-snippets/.

(44) Ben Gomes, "Our Latest Quality Improvements for Search," Google, April 25, 2017, https://blog.google/products/search/our-latest-quality-improvements-search/.

(45) Sheera Frenkel, Nicholas Confessore, Cecilia Kang, Matthew Rosenberg, and Jack Nicas, "Delay, Deny and Deflect: How Facebook's Leaders

Fought Through Crisis," *New York Times,* November 14, 2018, https://www.nytimes.com/2018/11/14/technology/facebook-data-russia-election-racism.html.

(46) David Greene, "Alex Jones Is Far from the Only Person Tech Companies Are Silencing," *Washington Post,* August 12, 2018, https://www.washingtonpost.com/opinions/beware-the-digital-censor/2018/08/12/997e28ea-9cd0-11e8-843b-36e177f3081c_story.html.

(47) "The Santa Clara Principles," https://newamericadotorg.s3.amazonaws.com/documents/Santa_Clara_Principles.pdf.

(48) Facebook, Community Standards, www.facebook.com/communitystandards/.「コンテンツのガバナンスと執行のためのブループリント（A Blueprint for Content Governance and Enforcement)」でザッカーバーグは、フェイスブックの審査チームが「10件に1件以上のケースで間違った判断をしている」ことを認めている。

(49) Facebook, Transparency, Community Standards Enforcement Report, November 2018, https://transparency.facebook.com/community-standards-enforcement.

(50) Zuckerberg, "A Blueprint for Content Governance and Enforcement."

(51) Deb, Donohue, and Glaisyer, "Is Social Media a Threat to Democracy?" 15.

(52) "News Integrity Initiative," City University of New York: Craig Newmark Graduate School of Journalism, www.journalism.cuny.edu/centers/tow-knight-center-entrepreneurial-journalism/news-integrity-initiative/.

(53) "About First Draft," First Draft, https://firstdraftnews.org/about/.

(54) "The Trust Project," Santa Clara University: Markkula Center for Applied Ethics, www.scu.edu/ethics/focus-areas/journalism-ethics/programs/the-trust-project/.

(55) "About Us," Stop Fake, www.stopfake.org/en/about-us/.

(56) Stephen King, "Trust Starts with Truth," *The Telegraph,* April 5, 2017, www.telegraph.co.uk/news/2017/04/04/ebay-founder-pierre-omidyar-commits-100m-fight-fake-news-hate/.

(57) Seth Copen Goldstein, "Solving the Political Ad Problem with Transparency," Free Speech Debate, November 17, 2017, https://freespeechdebate.com/discuss/solving-the-political-ad-problem-with-transparency/.

(58) Julia Angwin and Jeff Larson, "Help Us Monitor Political Ads Online," ProPublica, September 7, 2017, www.propublica.org/article/help-us-monitor-political-ads-online.

(59) Daniel Fried and Alina Polyakova, "Democratic Defense Against Disinformation," Atlantic Council, February 2018, 11, www.atlanticcouncil.org/publications/reports/democratic-defense-against-disinformation.

(60) YouTubeは、機械学習の進歩により、「アップロードから8時間以内に70%近くの暴力的・過激なコンテンツを削除できるようになり、そのうち半分近くは2時間以内に削除している」と主張している。John Shinai, "Facebook, Google Tell Congress They're Fighting Extremist Content with Counter-propaganda," CNBC, January 17, 2018, https://www.cnbc.com/2018/01/17/facebook-google-tell-congress-how-theyre-fighting-extremist-content.html.

(61) "Ten Ways to Fight Hate: A Community Response Guide," Southern Poverty Law Center, August 14, 2017, www.splcenter.org/20170814/ten-ways-fight-hate-community-response-guide.

(62) Eileen Donahoe, "Don't Undermine Democratic Values in the Name of Democracy," *American Interest,* December 12, 2017, www.the-american-interest.com/2017/12/12/179079/.

(63) Melissa Eddy and Mark Scott, "Delete Hate Speech or Pay Up, Germany Tells Social Media Companies," *New York Times,* June 30, 2017, www.nytimes.com/2017/06/30/business/germany-facebook-google-twitter.html.

(64) Eileen Donahoe, "Protecting Democracy from Online Disinformation Requires Better Algorithms, Not Censorship," Council on Foreign Relations, August 21, 2017, www.cfr.org/blog/protecting-democracy-online-disinformation-requires-better-algorithms-not-censorship.

(65) Taylor Hatmaker, "Twitter Endorses the Honest Ads Act, a Bill Promoting Political Ad Transparency," Techcrunch, April 10, 2018, https://techcrunch.com/2018/04/10/twitter-honest-ads-act/.

(66) Fried and Polyakova, "Democratic Defense Against Disinformation," 7–8

(67) Natasha Lomas, "WTF Is GDPR?" Techcrunch, January 20, 2018, https://techcrunch.com/2018/01/20/wtf-is-gdpr/.

(68) Ibid.

(69) Mark Scott and Nancy Scola, "Facebook Won't Extend EU Privacy Rights Globally, No Matter What Mark Zuckerberg Says," *Politico,* April 19, 2018, https://www.politico.eu/article/facebook-europe-privacy-data-protection-mark-zuckerberg-gdpr-general-data-protection-regulation-eu-european-union/.

(70) Mark Warner, "Potential Policy Proposals for Regulation of Social Media," https://regmedia.co.uk/2018/07/30/warner_social_media_proposal.pdf.

(71) Sam Wineburg and Sarah McGrew, "Most Teens Can't Tell Fake from Real News," *PBS NewsHour,* December 13, 2016, www.pbs.org/newshour/education/column-students-cant-google-way-truth.

(72) Joel Breakstone et al., "Why We Need a New Approach to Teaching Digital Literacy," *Phi Delta Kappan* 99 (March 2018): 27–32, www.kappanonline.org/breakstone-need-new-approach-teaching-digital-literacy/.

(73) 彼らはまた、ウィキペディアの「トーク」ページを調査する方法を生徒に教え、主張を裏付ける証拠としての「生きた対話」を評価できるようにすることも推奨している。

(74) Sarah McGrew et al., "The Challenge That's Bigger Than Fake News: Teaching Students to Engage in Civic Online Reasoning," *American Educator* (Fall 2017): 8–9, www.aft.org/sites/default/files/periodicals/ae_fall2017_mcgrew.pdf.

(75) Pen America, "Faking News," 73.

(76) Breakstone et al., "Why We Need a New Approach," 31.

(77) 著者が出席していた会議におけるサム・ワインバーグの発言、2008年6月

7日。

(78) "How Can Technology Make People in the World Safer?" Jigsaw, https://jigsaw.google.com/projects/.

(79) "Tools from EFF's Tech Team," Electronic Frontier Foundation, www.eff.org/pages/tools.

第13章　アメリカ民主主義の復活

(1) Joseph P. Lash, *Eleanor: The Years Alone* (New York: W. W. Norton, 1972), 79.

(2) George F. Kennan, "The Long Telegram," February 22, 1946.

(3) Patrick McGreevy, "Governor Brown Approves Major Changes in Legislative Process," *Los Angeles Times,* September 27, 2014, www.latimes.com/local/political/la-me-pc-gov-brown-oks-bill-allowing-changes-and-more-transparency-for-initiatives-20140926-story.html.

(4) ここから以下、カーラ・マコーミックの引用はすべて、2018年９月３日に私が電話インタビューをした時のものである。

(5) "Governor LePage's Most Controversial Quotes, 2010," *Bangor Daily News,* March 30, 2013, http://bangordailynews.com/2013/03/30/opinion/lepagequotes/.

(6) Colin Woodard, "Maine's Radical Democratic Experiment," *Politico,* March 27, 2018, www.politico.com/magazine/story/2018/03/27/paul-lepage-maine-governor-ranked-choice-voting-217715

(7) Colin Woodard, "How Did America's Craziest Governor Get Reelected?" *Politico,* November 5, 2014, www.politico.com/magazine/story/2014/11/paul-lepage-craziest-governor-reelection-112583.

(8) "Maine Question 1, Ranked-Choice Voting Delayed Enactment and Automatic Repeal Referendum (June 2018)," Ballotpedia, https://ballotpedia.org/Maine_Question_1,_Ranked-Choice_Voting_Delayed_Enactment_and_Automatic_Repeal_Referendum_(June_2018).

(9) "Vote for Me! For Second Place, at Least?" editorial, *New York Times,* June 9, 2018, www.nytimes.com/2018/06/09/opinion/ranked-choice-voting-maine-san-francisco.html.

(10) Eric Maskin and Amartya Sen, "A Better Electoral System for Maine," *New York Times,* June 10, 2018, www.nytimes.com/2018/06/10/opinion/electoral-system-maine.html.

(11) Darren Fishell, "Who's Paying to Convince Mainers That Ranked-Choice Voting Suits Them," *Bangor Daily News,* June 11, 2018, http://bangordailynews.com/2018/06/08/politics/whos-paying-to-convince-mainers-that-ranked-choice-voting-suits-them/.

(12) Edward D. Murphy and Peter McGuire, "As Mainers Vote in First Ranked-Choice Election, LePage Says He 'Probably' Won't Certify Referendum Results," *Portland Press Herald,* June 12, 2018, www.pressherald.com/2018/06/12/voters-turn-out-for-historic-election-day/.

(13) カーラ・マコーミックへのインタビュー、2018年 9 月 3 日。

(14) Lee Drutman, "All Politicians 'Game' the System. The Question Is How?" *Vox,* May 14, 2018, www.vox.com/polyarchy/2018/5/14/17352208/ranked-choice-voting-san-francisco.

(15) "Multiple Choice: In Praise of Ranked-Choice Voting," *The Economist,* June 14, 2018, www.economist.com/united-states/2018/06/16/in-praise-of-ranked-choice-voting.

(16) Kelly Born, "Maine's Ranked Choice Voting Could Lead the Way to a Healthier U.S. Democracy," Hewlett Foundation, August 16, 2018, https://hewlett.org/maines-ranked-choice-voting-could-lead-the-way-to-a-healthier-u-s-democracy/.

(17) Fair Vote, "Ranked Choice Voting/Instant Runoff," www.fairvote.org/rcv#where_is_ranked_choice_voting_used; RepresentUs, "Ranked Choice Voting," https://act.represent.us/sign/ranked-choice-voting/.

(18) Todd Donovan, Caroline Tolbert, and Kellen Gracey, "Campaign Civility Under Preferential and Plurality Voting," *Electoral Studies* 42 (June 2016): 157–63.

(19) "Vote for Me! For Second Place, at Least?"

(20) "Multiple Choice: In Praise of Ranked-Choice Voting."

(21) Mickey Edwards, *The Parties Versus the People: How to Turn Republicans and Democrats into Americans* (New Haven: Yale

University Press, 2012), 6.

(22) *Ibid.*, 44–45.

(23) "Vote for Me! For Second Place, at Least?"; David Brooks, "One Reform to Save America," *New York Times,* May 31, 2018, www.nytimes.com/2018/05/31/opinion/voting-reform-partisanship-congress.html.

(24) "A Congress for Every American," editorial, *New York Times,* November 10, 2018, https://www.nytimes.com/interactive/2018/11/10/opinion/house-representatives-size-multi-member.html.

(25) "Germany's Election Results in Charts and Maps," *Financial Times,* September 24, 2017, www.ft.com/content/e7c7d918-a17e-11e7-b797-b61809486fe2.

(26) Nolan McCarty, "Reducing Polarization: Some Facts for Reformers," *University of Chicago Legal Forum* 2015 (2016): 243–78.

(27) "Extreme Gerrymandering: Democrats Need Near-Record Margin to Take House in 2018," Brennan Center for Justice, March 26, 2018, www.brennancenter.org/press-release/extreme-gerrymandering-democrats-need-near-record-margin-take-house-2018.

(28) Thomas E. Mann, "We Must Address Gerrymandering," *Time,* October 13, 2016, http://time.com/collection-post/4527291/2016-election-gerrymandering/.

(29) "Gerrymandering," RepresentUs, https://act.represent.us/sign/gerrymandering/. ハワイ州とニュージャージー州では、政治家で構成された委員会が設けられている。これは理想的とは言いがたい。

(30) Aris Folley, "Michigan Court Orders Redistricting Measure to Go on Ballot," *The Hill,* June 8, 2018, http://thehill.com/regulation/legislation/391342-michigan-court-rules-voters-can-decide-on-redistricting.

(31) Christian R. Grose, "Voters in Colorado, Michigan, Missouri, and Utah Endorse Independent Redistricting," Schwarzenegger Institute, November 2018, https://gallery.mailchimp.com/5216a8f2f16ed324741c940dd/files/6dc12574-9a71-4a0f-b454-c1e3e28236d3/Schwarzenegger_Institute_Redistricting_Initiatives_Policy_Report.pdf.

(32) Christopher Ingraham, "Pennsylvania Supreme Court Draws 'Much

More Competitive' District Map to Overturn Republican Gerrymander," *Washington Post,* February 20, 2018, www.washingtonpost.com/news/wonk/wp/2018/02/19/pennsylvania-supreme-court-draws-a-much-more-competitive-district-map-to-overturn-republican-gerrymander/?utm_term=.0b16d2c0410c.

(33) Hunter Schwarz, "Voter Turnout in Primary Elections This Year Has Been Abysmal," *Washington Post,* July 23, 2014, www.washingtonpost.com/blogs/govbeat/wp/2014/07/23/voter-turnout-in-primary-elections-this-year-has-been-abysmal/?utm_term=.f5bf8308f567.

(34) Elaine C. Kamarck, "Increasing Turnout in Congressional Primaries," Brookings Institution, July 2014, 14, www.brookings.edu/wp-content/uploads/2016/06/KamarckIncreasing-Turnout-in-Congressional-Primaries72614.pdf.

(35) Wendy Weiser, "Automatic Voter Registration Boosts Political Participation," Brennan Center for Justice, January 29, 2016, www.brennancenter.org/blog/automatic-voter-registration-boosts-political-participation; Drew DeSilver, "U.S. Trails Most Developed Countries in Voter Turnout," Pew Research Center, May 21, 2018, www.pewresearch.org/fact-tank/2018/05/21/u-s-voter-turnout-trails-most-developed-countries/; Wendy Weiser and Alicia Bannon, "Democracy: An Election Agenda for Candidates, Activists and Legislators," Brennan Center for Justice, May 4, 2018, www.brennancenter.org/publication/democracy-election-agenda-2018.

(36) Sean McElwee, Brian Schaffner, and Jesse Rhodes, "How Oregon Increased Voter Turnout More Than Any Other State," *The Nation,* July 27, 2017, www.thenation.com/article/how-oregon-increased-voter-turnout-more-than-any-other-state/.

(37) "Automatic Voter Registration," Brennan Center for Justice, April 17, 2018, www.brennan center.org/analysis/automatic-voter-registration.

(38) German Lopez, "Nine Ways to Make Voting Better," *Vox,* November 7, 2016, www.vox.com/policy-and-politics/2016/11/7/13533990/voting-improvements-election-2016.

(39) Weiser and Bannon, "Democracy: An Election Agenda," 7.

(40) Adam Bonica, "What's Good for Democracy Is Also Good for Democrats," *New York Times,* July 26, 2018, www.nytimes.com/2018/07/26/opinion/sunday/democracy-democrats-voters-disenfranchisment.html.

(41) Tina Rosenberg, "Increasing Voter Turnout for 2018 and Beyond," *New York Times,* June 13, 2017, www.nytimes.com/2017/06/13/opinion/increasing-voter-turnout-2018.html.

(42) Jelani Cobb, "Voter-Suppression Tactics in the Age of Trump," *The New Yorker,* October 29, 2018, www.newyorker.com/magazine/2018/10/29/voter-suppression-tactics-in-the-age-of-trump. ジョージア州州務長官の重大な利益相反が見られたこの事件は、選挙で選ばれた（または任命された）党派的な公人が州レベルでの選挙監視の仕事を担うべきではないということ（これは現在のアメリカでは共有された規範となっている）を、明確に示している。

(43) Weiser and Bannon, "Democracy: An Election Agenda," 9.

(44) Ibid., 11–12.

(45) Alexander Hamilton, "The Mode of Electing the President," *The Federalist* 68, www.congress.gov/resources/display/content/The+Federalist+Papers#TheFederalistPapers-68（斎藤真・中野勝郎訳『ザ・フェデラリスト』岩波文庫、1999年）.

(46) "The Minority Majority: America's Electoral System Gives the Republicans Advantages over Democrats," *The Economist,* July 12, 2018, www.economist.com/briefing/2018/07/12/americas-electoral-system-gives-the-republicans-advantages-over-democrats.

(47) www.nationalpopularvote.com/.

(48) Katherine M. Gehl and Michael E. Porter, "Why Competition in the Politics Industry Is Failing America," Harvard Business School, September 2017, 40, www.hbs.edu/competitiveness/Documents/why-competition-in-the-politics-industry-is-failing-america.pdf.

(49) 1992年にロス・ペローの支持率は、秋の討論会に参加した後にのみ世論調査で15%を超えた。私は、このルールを変更することを目的とした以下

のイニシアティブに携わってきた。www.changetherule.org/参照。

(50) "What Is Deliberative Polling?" Center for Deliberative Democracy, http://cdd.stanford.edu/what-is-deliberative-polling/; James S. Fishkin, *Democracy When People Are Thinking: Revitalizing Our Politics Through Public Deliberation* (New York: Oxford University Press, 2018).

(51) "Congress and the Public," Gallup, https://news.gallup.com/poll/1600/congress-public.aspx.

(52) Edwards, *The Parties Versus the People,* 114, 120.

(53) "Make Congress Work: A No Labels Action Plan," No Labels, p. 13.

(54) Ibid.

(55) Ibid., 14.

(56) Bruce Cain, *Democracy More or Less: America's Political Reform Quandary* (New York: Cambridge University Press, 2015): 204–6; Sarah A. Binder and Frances E. Lee, "Make Deals in Congress," in *Solutions to Polarization in America,* ed. Nathaniel Persily (Cambridge: Cambridge University Press, 2015), 252.

(57) Jane Mansbridge, "Helping Congress Negotiate," in Persily, ed., *Solutions to Polarization,* 268– 69; Cain, *Democracy More or Less,* 160.

(58) Weiser and Bannon, "Democracy: An Election Agenda," 15.

(59) これは私が誇りを持って関与している非営利団体、ベリファイド・ボーティングの理念でもある。 www.verifiedvoting.org/about/.

(60) "The Verifier—Polling Place Equipment—November 2018," Verified Voting, www.verifiedvoting.org/verifier/; "Voting Methods and Equipment by State," Ballotpedia, https://ballotpedia.org/Voting_methods_and_equipment_by_state.

(61) Weiser and Bannon, "Democracy: An Election Agenda," 15–16.

(62) Sean Sullivan, "What Is a 501(c)(4), Anyway?" *Washington Post,* May 13, 2013, www.washingtonpost.com/news/the-fix/wp/2013/05/13/what-is-a-501c4-anyway/?utm_term=.48a8d4e5bbca. 501(c)(6)に分類される団体やビジネス組織なども、同様の要件に該当する。

(63) 責任ある政治センターが提供しているすばらしいウェブサイト、オープン・シークレッツ参照。www.opensecrets.org/dark-money/top-election-

spenders.

(64) Weiser and Bannon, "Democracy: An Election Agenda," 24.

(65) Ibid., 25

(66) Ian Vandewalker, "Voucher-Funded Seattle Candidates Relied More on Constituents Than on Non-Constituent Donors," Brennan Center for Justice, June 1, 2018, www.brennancenter.org/blog/voucher-funded-seattle-candidates-relied-more-constituents-non-constituent-donors-part-two.

(67) RepresentUs, "The American Anti-Corruption Act," https://anticorruptionact.org/whats-in-the-act/.

(68) Russell Berman, "Donald Trump's Last-Ditch Plan to 'Drain the Swamp,'" *The Atlantic,* October 18, 2016, www.theatlantic.com/politics/archive/2016/10/donald-trumps-plan-to-drain-the-swamp/504569/.

(69) Executive Order: Ethics Commitments by Executive Branch Appointees, January 28, 2017.

(70) 提案されているアメリカ腐敗防止法の全文は、以下を参照。https://3pcd0f2kpjl33pmc34996z9w-wpengine.netdna-ssl.com/wp-content/uploads/sites/4/2017/12/AACA-Revised-Full-Provisions-List-%E2%80%93-122F62F2017.pdf.

(71) ルーズヴェルト研究所はさらに踏み込んで、離任するすべての執政府高官と議員に対して、生涯にわたるロビー活動禁止を課すべきとする。Rohit Chopra and Julie Margetta Morgan, "Unstacking the Deck: A New Agenda to Tame Corruption in Washington," Roosevelt Institute, May 2, 2018, 27, http://rooseveltinstitute.org/unstacking-deck/.

(72) Alex Tucciarone, "Report Calls for Creation of Federal Enforcement Agency to Fight Corruption," Roosevelt Institute, May 2, 2018, http://rooseveltinstitute.org/report-calls-creation-federal-enforcement-agency-fight-corruption-washington/.

(73) Chopra and Morgan, "Unstacking the Deck," 22.

(74) Margaret Chase Smith, "Declaration of Conscience," U.S. Senate speech, June 1, 1950, www.senate.gov/artandhistory/history/resources/pdf/SmithDeclaration.pdf; reprinted in William Safire, ed., *Lend Me Your*

Ears: Great Speeches in History (New York: W. W. Norton, 2004), 725.

第14章　結論——自由の新たな誕生

(1) David Montgomery, "The Quest of Laurene Powell Jobs," *Washington Post*, June 11, 2018, www.washingtonpost.com/news/style/wp/2018/06/11/feature/the-quest-of-laurene-powell-jobs/?noredirect=on&utm_term=.bbd7caa64258.
(2) Bill Clinton, Transcript of Speech to the Democratic Convention, August 27, 2008, www.npr.org/templates/story/story.php?storyId=94045962.
(3) Ernest Hemingway, *The Sun Also Rises* (New York: Scribner, 1926), 141.
(4) David M. Halbfinger and Isabel Kershner, "Israel Law Declares the Country the 'Nation-State of the Jewish People,'" *New York Times*, July 19, 2018, www.nytimes.com/2018/07/19/world/middleeast/israel-law-jews-arabic.html.
(5) Brad Roberts, introduction to *The New Democracies: Global Change and U.S. Policy*, ed. Brad Roberts (Cambridge, Mass.: MIT Press, 1990), ix.
(6) Mohammed Ademo and Jeffrey Smith, "Ethiopia Is Falling Apart," *Foreign Policy*, January 11, 2018, https://foreignpolicy.com/2018/01/11/ethiopia-is-falling-apart/.
(7) Jason Burke, "Ethiopian Prime Minister Vows to Stick to Reforms After Explosion at Rally," *The Guardian*, June 23, 2018, www.theguardian.com/world/2018/jun/23/explosion-rally-new-ethiopian-prime-minister-abiy-ahmed.
(8) Hannah Ellis-Petersen, "Former Malaysian PM Najib Arrested in $4.5bn 1MDB Probe," *The Guardian*, July 3, 2018, www.theguardian.com/world/2018/jul/03/former-malaysian-leader-najib-arrested-in-45bn-graft-probe.
(9) Cynthia Gabriel, "Malaysia's Missing Billions," *Journal of Democracy* 29 (January 2018): 69–75.

(10) Michael A. McFaul, *From Cold War to Hot Peace: An American Ambassador in Putin's Russia* (Boston: Houghton Mifflin Harcourt, 2018).
(11) Amie Ferris-Rotman and Anton Troianovski, "Russian Police Detain More Than 1,600 Protesting Putin's Fourth Presidential Term," *Washington Post*, May 5, 2018, www.washingtonpost.com/world/thousands-of-russians-rally-against-putin-ahead-of-inauguration/2018/05/05/3007a9a2-503d-11e8-b725-92c89fe3ca4c_story.html?utm_term=.d476f5dd5797.
(12) Michael McFaul, "Transitions from Postcommunism," *Journal of Democracy* 16 (July 2005): 5–19, www.journalofdemocracy.org/sites/default/files/McFaul-16-3.pdf.
(13) マイナ・キアイへのインタビュー、2018年３月10日。
(14) Abdul-Qasim Al-Shabbi, "To the Tyrants of the World," translated by Adel Iskandar. Aired on "The Role of Old and New Media in Egypt." Hosted by Melissa Block, *All Things Considered*, January 28, 2011.
(15) Matthew Wigler, "Swing District," *Medium*, July 14, 2018, https://medium.com/swing-district-purple-america/diss-vs-piss-the-blue-wave-and-yellow-trickle-in-californias-central-valley-f302d5af2c4d.
(16) Alicia Parlapiano and Adam Pearce, "For Every Ten U.S. Adults, Six Vote and Four Don't. What Separates Them?," *New York Times*, September 13, 2016, www.nytimes.com/interactive/2016/09/13/us/politics/what-separates-voters-and-nonvoters.html.
(17) Gustavo López and Antonio Flores, "Dislike of Candidates or Campaign Issues Was Most Common Reason for Not Voting in 2016," Pew Research Center, June 1, 2017, www.pewresearch.org/fact-tank/2017/06/01/dislike-of-candidates-or-campaign-issues-was-most-common-reason-for-not-voting-in-2016/.
(18) Tony Pugh, "Voter Suppression Laws Likely Tipped the Scales for Trump, Civil Rights Groups Say," *McClatchy*, November 10, 2016, www.mcclatchydc.com/news/politics-government/election/article113977353.html; Christopher Ingraham, "About 100 Million People Couldn't Be Bothered to Vote This Year," *Washington Post*, November 12, 2016, www.washingtonpost.com/news/wonk/wp/2016/11/12/about-100-

million-people-couldnt-be-bothered-to-vote-this-year/?utm_term=.1ac01a89356a.

(19) RepresentUs, “2018 Election Results,” https://represent.us/election2018/.

(20) Jen Johnson, “Victory! Voters in Alaska Just Passed a Sweeping Anti-Corruption Law,” RepresentUs, July 19, 2018, https://act.represent.us/sign/victory-in-alaska/.

(21) “The Pledge,” With Honor, https://www.withhonor.org/the-pledge.

(22) Barbara Goldberg, “U.S. House Freshman Class Includes Most Veterans in Nearly a Decade,” Reuters, November 7, 2018, http://news.trust.org//item/20181107183710-ti1xo/.

(23) これらの多くは、ヒューレット財団のマディソン・イニシアティブという慈善活動から支援を受けている。https://hewlett.org/strategy/madison-initiative/.

侵食される民主主義（下）
内部からの崩壊と専制国家の攻撃

2022年 2 月20日　第 1 版第 1 刷発行
2023年 3 月20日　第 1 版第 4 刷発行

著　者　ラリー・ダイアモンド

監訳者　市《いち》原《はら》麻《ま》衣《い》子《こ》

発行者　井村寿人

発行所　株式会社　勁《けい》草《そう》書房

112-0005 東京都文京区水道2-1-1　振替 00150-2-175253
（編集）電話 03-3815-5277／FAX 03-3814-6968
（営業）電話 03-3814-6861／FAX 03-3814-6854
堀内印刷所・松岳社

ISBN978-4-326-35184-8　　Printed in Japan

＊落丁本・乱丁本はお取替いたします。
ご感想・お問い合わせは小社ホームページから
お願いいたします。

https://www.keisoshobo.co.jp